LA REVOLUCIÓN CUBANA

EXPLICADA A LOS TAXISTAS

JOSÉ MANUEL PRIETO

LA REVOLUCIÓN CUBANA

EXPLICADA A LOS TAXISTAS

Diseño de portada: Estudio la fe ciega / Domingo Martínez

LA REVOLUCIÓN CUBANA EXPLICADA A LOS TAXISTAS

Bajo el sello editorial PLANETA M.R.
Avenida Presidente Masarik núm. 111, Piso 2
Colonia Polanco V Sección
Delegación Miguel Hidalgo
C.P. 11560, Ciudad de México
www.planetadelibros.com.mx

Primera edición impresa en México: octubre de 2017
ISBN: 978-607-07-4417-4

Impreso en los talleres de EDAMSA Impresiones, S.A. de C.V.
Av. Hidalgo núm. 111, Col. Fracc. San Nicolás Tolentino, Ciudad de México
Impreso y hecho en México – *Printed and made in Mexico*

ÍNDICE

VIAJES EN TAXI

El día de hace más de diez años que llegué a Nueva York en mi segundo o tercer viaje a América y estudié el frío afuera, la hilera de taxis en espera, el paisaje que ya eran los Estados Unidos: un país con el que el mío había estado en guerra toda mi vida. O al menos eso era lo que no se habían cansado de decirme durante años. El taxista, un indio o pakistaní con aire de pocos amigos con el que batallé por un minuto largo cuando intenté darle la dirección en mi titubeante inglés. Y no: se volvió hacia mí con todo el torso, me rectificó con aspereza y entonces, tras estudiarme un segundo, seguro de que no había mayor maldad en mí, tan sólo la torpeza del recién llegado, consideró mi acento y me preguntó para dulcificarme:

—¿De qué país ha llegado?

Que fue cuando, al yo contestarle de dónde, exclamó:

—¿Cuba? —Y acto seguido—: ¡Fidel Castro!

La enojosa manera que tuvo de decirlo, cómo chasqueó los dedos, se relamió la lengua de gusto, volvió a mirarme por el retrovisor y encajó los hombros. El ademán y la vehemencia de quien habla del hombre más fuerte de su aldea. Con la misma energía, y como su inglés no era mejor que el mío y deseaba a toda costa expresar lo que sentía, llevó la palma de su diestra a la otra mano cerrada, en un golpe sonoro:

—Le dio por el c... a los americanos

Debo haberme inclinado para leer su nombre en la tablilla porque fue en uno de mis primeros viajes a Nueva York, al menos el primero en que descubrí sorprendido aquella reacción. Pero no recuerdo su nombre.

Recuerdo, sí, la ciudad asilueteándose a lo lejos, la mole gris de los rascacielos, recuerdo que era otoño y recuerdo cuánto me extrañó su reacción, hallarla allí, tanta simpatía, ¡en América!, hacia la Revolución cubana.

Aquel otro que en el julio del 99 me llevó de Barajas a Sol, en Madrid, España. Y mientras viajábamos por la ciudad, escuchamos la noticia de un terrible accidente de aviación, los espeluznantes detalles. Cambió luego de estación, sintonizó una melodía de moda de aquel verano y me espió por el espejo el taxista. El gesto con que asentí maquinalmente al reconocer la melodía le llevó en seguida a preguntarme:

—¿De tu país?

—No, es de México —le contesté— la cantante... Yo soy de Cuba.

Y como por encanto:

—¡Ah, Cuba! ¡Fidel Castro!

Sin ánimo de ofender, de pura alegría.

Debatiéndome aquella vez entre sonreír o enojarme, seguía maravillándome ante la inmensa popularidad de la Revolución cubana entre los taxistas de todo el mundo.

La vez que en Roma un cochezazo de lujo se detuvo junto al nuestro y lo estudiamos los dos, el taxista y yo, sin poder quitarle la vista de encima. Y le dije en broma:

—Un bonito coche, ¿eh? Me compraría uno así de tener el... ¿Soldi?

—*Soldi*, sí. —Y asintió y se quejó en voz baja, algo así como—: ¿Y de qué modo? Nunca ganaría tanto dinero trabajando de taxista.

Y aparté la vista y volví al diario que había estado hojeando. Y entonces me preguntó (un hombre joven, sus lentes oscuros):

—¿De qué país?

Y me dije resignado: ¡Allá vamos!

Callé en aquella ocasión, y he seguido callando desde entonces, perdido en un monólogo que sé que jamás le endilgaré al bonachón taxista. Sobre esa equivocación enorme: la asombrosa popularidad de Fidel Castro y la Revolución cubana.

Más todo lo que me gustaría añadir, matizar. Extrañado de que todo quede reducido a un nombre. Y el disgusto que no terminaba de instalarse en mí, el desconcierto más bien.

Porque, en cualquier caso, ¿no debería alegrarme de algo así? ¿De lo fácilmente que es identificado mi país entre todos los demás? ¿De su peso y su relevancia patentes que tan popular lo hacen en todo el mundo? Porque yo mismo, y eso es lo más importante, se lo explicaría con gusto a aquellos taxistas: ¿sabe usted? ¡Cuba! ¡Fidel Castro! Ningún problema con ello. Tan sólo una visión un poco más compleja que me gustaría exponerles, ampliarles, si mi conocimiento del italiano o del turco me lo permitieran.

La Revolución cubana explicada a los taxistas.

Pero consciente de que toda explicación pormenorizada es una causa perdida. De las muchas veces que he fallado en eso tras haberme prometido que jamás lo haría, y cayendo siempre en torpes y largas tiradas que han tenido la virtud de complicarlo todo en la mente de mis interlocutores y dejarlos, sin embargo, imperturbables en su fe, convencidos de su verdad. Por lo cual, tras pensarlo con tiempo entendí que quizá lo necesario es una explicación breve, con la fuerza y la sencillez argumentativa del lugar común.

Tres o cuatro puntos que debidamente abordados, puestos en claro, nos permitan hacernos una idea, rápida y fácilmente. Lo mismo que una charla de sobremesa o que los tres cuartos de hora que toma el viaje del aeropuerto al centro.

Me bajo de esos taxis y mascullo una última frase en mi impotencia. Un barboteo en el que dejo dicho a medias todo lo que hubiera querido decirle al taxista sobre este asunto.

No es tan simple, según lo veo, un fenómeno más vasto, una conflagración cuyo resplandor no ha dejado de iluminar un día de mi vida adulta. ¿Me habría entendido? ¿Lo que habría querido decirle, argumentarle?

Y en el bar, antes de dormirme, y subiendo luego a mi cuarto de hotel, imagino todo lo que le hubiera dicho: desarrollo argumentos, me extiendo en razones. Y en vano, porque todo nuevo brote de entusiasmo, en Viena o en Ankara, me deja igual de mudo, desconcertado, sin saber qué decir.

Las veces en que he bajado con profunda rabia le he regateado la propina al taxista. Por algo que, dicho así, explicados los motivos de mi enojo, les causaría infinita sorpresa. El reduccionismo de un cuadro así, que deja tantas cosas fuera. Presentada Cuba como un país liberado del yugo americano. ¿Cómo no estar feliz? ¿Cómo no entender tan gran simpatía, la solidaridad mundial, si antes estaban bajo el yugo y ahora están liberados? Entiendo que sea imposible mover la Revolución cubana de su bien ganada fama y que en ello se encuentren las causas de su inmensa popularidad. Y que no pueda yo jamás explicarles los detalles de este asunto: nada tan simple.

Y la necesidad, al hablar de lo negativa que ha sido en tantas cosas la Revolución cubana, de mencionar todos sus logros, de lo buena que ha sido en tantas otras. La imposibilidad de negarla categóricamente, de descalificarla en toda la línea porque es más compleja y confusa que eso. Lo inadecuado de pintarla como la revolución más negra, la más terrible, la más asesina, no siendo ninguna de esas cosas, aunque haya terminado siempre, durante demasiados años, haciendo tanto mal.

Los toques de genio presentes en toda la obra, en su concepción misma, la brillante idea de retar como se hizo a los Estados Unidos. Ese solo detalle, la manera en cómo el país comenzó a hablar por sí mismo. Aunque era una vía sin futuro, como no tardó en verse. Pero al principio, durante varios años llenos de energía, no podía dejar de impresionar a quienes la veían perseguir un programa de país grande, en la conciencia de la madurez alcanzada, queriendo salvar en pocos años el atraso de cientos.

Ese impulso.

Cómo no se ha robado. No es algo que se pueda decir en primer lugar sobre la Revolución cubana. No es Fidel Castro un vulgar ladrón ni la Revolución cubana una vulgar ladrona. ¿Qué los mueve? ¿O los ha movido la idea y el objetivo único de enriquecerse? Pero no.

¿Quién no lo ha visto así? ¿Qué opositor, para apoyar su argumento y mayor contundencia, no querría la Revolución cubana más mala de lo que realmente es? Evitar confusiones, verse obligado en medio de la diatriba a aceptar su intención más noble, todo lo que ahora digo y traigo a colación.

A favor de la Revolución cubana, y en contra de la Revolución cubana.

Absolutamente buena, por una parte, y absolutamente mala, por la otra.

Y lo más frustrante luego, lo más desalentador: la intraducibilidad de la experiencia, cuán difícil es contarla de modo que el más atento y comprensivo de tus escuchas, el de mejor corazón, resulta incapaz de entender tus razones. Que la más minuciosa descripción, la más fatigosa enumeración no logra responder todas las preguntas, armar un cuadro inteligible, siempre inconcluso. Lo más enojoso y angustiante siempre queda fuera, convertido en el horror de minúsculas percepciones. Mi desesperanza en tantos taxis: nunca lograrían entenderlo, nunca lograría trasmitirlo.

Por eso emprendo una argumentación construida sobre la marcha, la más fácil y sencilla. Para contar a los taxistas de todo el mundo, al público encarnado en ellos, no un análisis académico rebosante de fechas y estadísticas, sino mi conocimiento de primera mano de la Revolución cubana, en la que no he dejado de vivir, cuyo resplandor no ha dejado de iluminarme (vivamente) todos estos años.

Una argumentación débil y, por ello, criticable. ¿Pero acaso en la reacción diaria no nos basamos casi exclusivamente en percepciones así de febles? ¿En meras intuiciones y certezas? Aquí encontrarán un inventario de las que operan en mi mente cuando pienso en la Revolución cubana, las veces que he intentado, infructuosamente, explicarlas en un taxi.

Entendido lo ingrato de la tarea, la retahíla de malentendidos, las falsas acusaciones, los improperios que se levantan en todos los frentes de una disputa que dura años y que ha tenido tiempo de madurar, de caducar incluso, de dejar crecer todos los equívocos que caben en cualquier empresa humana.

Y sin embargo, lanzándome.

Como un ciudadano de diario y café los domingos que, llegada una guerra y todo el horror que la acompaña, entiende que sólo así, de esa manera. Y se apresta, viste el ridículo uniforme de campaña y sale a pelear con los más jóvenes. Lo absurdo de su situación con toda claridad en una tregua en la trinchera, los redondos lentes alzados al cielo. Maravillándose, diciéndome: heme aquí, un enemigo jurado de toda discusión política, *en el tajo*. Nada bueno saldrá de esto. Sí, es aquí. ¿Cuánto le debo? Quédese el cambio.

Al taxista.

EL JOVEN GENIO

FIDEL CASTRO, UN POLÍTICO AMERICANO

Porque considera esto: si es cierto que Cuba fue un protectorado, una semicolonia de América, su más importante y preciada adquisición, si estamos de acuerdo en esto, si la isla de Cuba es un país en donde lo americano fue impuesto, y perdió (o quedó muy dañada) su identidad, si todo eso es cierto, ¿por qué no hacer entonces la inferencia que sigue? Que Fidel Castro, el principal enemigo de América, su principal acusador y flagelo público, es un político americano.

Por paradójico que suene.

Fidel Castro un político americano, estadounidense.

Su relevancia y todo su peso se debe a ello. Al enfrentamiento con un enemigo que es parte de sí mismo. El conocimiento de sus debilidades, el cálculo exacto de su comportamiento, la profunda inteligencia de su dinámica interna. Que le permitió imaginar la fuga total de América de la única manera posible y utilizando el mismo análisis gravitatorio de Henry Adams, según el cual Cuba gravitaría como una fruta madura (¿una manzana?) hacia los Estados Unidos.

Ahora que lo pienso, Ahmed (al taxista), en esto mismo, en este símil, quizá vio la imposibilidad de tal predicción: no crecen manzanas en Cuba.

¿Por qué no como una naranja madura?

De cualquier modo: como una fruta madura.

El mismo razonamiento tuvo Fidel Castro al calcular —igual que un ingeniero que pone en órbita un satélite desde la Tierra— la única forma posible de romper el agarre gravitacional de los Estados Unidos, aprovechar aquella misma fuerza para aumentar el impulso.

De la naranja.

Pero presentándolo todo, astutamente, como una repulsión: el modo como apeló a la opinión internacional, organizó el desgajamiento ante la más grande afluencia de público y la más amplia cobertura mediática.

La manera como se aseguró todavía en la etapa de la preproducción el visto bueno del *The New York Times*, una cobertura que pudo haberle garantizado su triunfo. Como la obra que arranca sin penas ni glorias, con escasa asistencia de público, hasta que la entusiasta reseña de un crítico influyente cambia dramáticamente su suerte. En eso también Fidel Castro es un político norteamericano, en el entendimiento de que todo se logra en los diarios, en lo mediático, sin descuidar jamás eso.

Las verdades de la revuelta llegando a cada casa de la misma manera —fácil y didáctica— de la televisión comercial. Una serie televisiva con ellos mismos, los cubanos, en los papeles estelares. Y un lujo los demás actores del reparto: jóvenes, atractivos. El Che Guevara, el propio Fidel Castro y aquel otro en el papel de villano, John F. Kennedy, también simpático y bien parecido.

Se dice —lo afirman los politólogos— que por primera vez se hizo un uso eficaz de la televisión en política por parte John F. Kennedy en los Estados Unidos y de Fidel Castro... también en los Estados Unidos. O en ese territorio de ultramar norteamericano que era Cuba.

Un duelo como el país no había visto nunca en sus cuatrocientos cincuenta años de existencia El enfrentamiento tremendo que subía de tono en cada entrega, en cada escaramuza verbal. Los desplantes públicos, uno tras otro, que parecía que no había más hacia dónde avanzar, que no lo aguantaría el temible contrincante.

El espectáculo inconcebible de la burguesía en fuga, la furia con que se nacionalizó todo, las propiedades norteamericanas en primer lugar. Miles de millones de dólares en bienes que todavía hoy, a cuarenta años de distancia, asombra y maravilla cuando se entiende cuánto y cuán expeditamente fue arrebatado.

El enojo y la sorpresa infinita de los Estados Unidos ante tan fea ingratitud de un hijo, de un *político norteamericano*.

Que debía saber, que ciertamente debía estar enterado que lo mucho de lo que en Cuba había de bueno, de la influencia y ejemplo de la Unión Americana, a quien se debía todo lo que la isla había ganado en términos de modernidad, avances tecnológicos. Razón por la que, cuando tanto opositor nos quiere convencer de que Cuba *estaba* bien, nos dice que para 1959 teníamos la misma renta per cápita que algún estado sureño. O lo que es lo mismo: se acentúa el hecho de que fuéramos casi un territorio de la Unión, prácticamente homogenizada nuestra vida con la del gran organismo del norte.

Y otro motivo de orgullo real: el dólar corría a la par del peso. Gozábamos, es un decir, de una espléndida unión monetaria. Todo eso le debíamos a los Estados Unidos.

¿Cómo explicar, repito, ingratitud tan fea ante tanto bien?

TUTELA

Cuba alcanzó la mayoría de edad sin que los Estados Unidos se dieran completa cuenta de ello.

Ésta es la verdadera y última causa de la Revolución cubana.

La manera en cómo no supieron verlo, cómo nada hicieron para encajar aquel crecimiento, para aceptarlo como un igual (a lo que todavía hoy se resisten).

Y cómo, por el contrario, insistieron en seguir comportándose como unos mayores con custodia, negados a entender que el país que en 1898 habían rescatado de una guerra terrible y devastadora se estaba replanteando rápidamente quién era, hasta dónde había llegado y hacía dónde quería avanzar.

Porque la Revolución cubana ha hablado siempre de la ambición imperialista y de la perfidia capitalista, del inversor desalmado —que lo hubo, todo ello—, pero ha omitido contar de qué modo los Estados Unidos se involucraron a fondo con la isla de Cuba, invirtiendo mucho en una relación paternal y proteccionista hacia un país al que impusieron la carga de una Tutela, es verdad, pero con el cual se sentían comprometidos.

Compromiso, fuerza es decirlo, que es el más grande que país alguno haya tenido con la isla de Cuba, y que es fácil de descubrir en una acción tan odiosa como el embargo, que es a partes iguales deseo de injerencia y celo paternal.

Un país que en los pocos años de la intervención militar que siguió al fin de la guerra de 1895 a 1898, Estados Unidos logró sanear, censar y reformar. Limpiaron la mala herencia de tantos capitanes generales tras capitanes generales, literalmente: un cronista de la época habla de toneladas de basura que sacaron de los edificios públicos de La Habana. Un país al que le imprimieron el formidable impulso de la maquinaria industrial.

Y a aquella república naciente, cuyo triunfo se debió a la decisiva intervención militar estadounidense, que logró sacar a la contienda del punto muerto en que se encontraba, le impuso la desconfianza enorme de un guardián, una enmienda que más de uno en el Congreso americano no falló en calificar de torpe y por la cual muy pronto los cubanos se sintieron engañados y sojuzgados, de vuelta a una situación de dependencia similar a la que habían sufrido por siglos y contra la cual se habían levantado en armas.

¿No es eso una ofensa? ¿Acaso no es un agravio?

Sí, y como ofensa y agravio fue vista desde un principio por todos los cubanos. Y como tales fueron denunciadas las buenas o entendibles intenciones con que el gobierno de Estados Unidos había actuado.

Bajo su égida creció y se desarrolló la primera república cubana como un menor vigilado de cerca por sus mayores, en la incomodidad de una vida prolongada bajo el techo paterno.

¡De unos padres adoptivos!

Porque si todavía piensas en las zarandajas de las condiciones objetivas y demás engañifas, te digo: no había tales, nunca las hubo.

No hay que perder de vista las causas mentales, las únicas relevantes en este asunto de la Revolución cubana.

¿Cansarlo a usted, Nguyen (al taxista vietnamita), con los índices de pobreza y de analfabetismo, con las condiciones terribles de los campesinos cubanos?

Podríamos discutir eternamente sobre esto torciendo hacia uno u otro lado las estadísticas.

Así presentadas, fríamente, ¿no deberían estar ocurriendo revoluciones a diario en todo el planeta? Usados como una plantilla o una matriz de datos objetivos, ¿no deberíamos tener revoluciones en este pobre país y en aquel otro pobre país? Y Cuba, es fácil verlo o bien hay consenso sobre ello hoy día, nunca estuvo tan mal para buscar curarla de la forma tremenda o tremebunda que se hizo.

Me disculpará que despache así las llamadas *causas objetivas*, pero nada veo en esa dirección.

Lo que veo es la formidable creación de un solo hombre, el triunfo de su peculiar y bastante estrecha visión del mundo en la que tan sólo existe una solución violenta, un ataque frontal. Toda situación llevada al límite, organizada en torno a un claro foco de violencia, emplazado feamente el contrario, descartado todo compromiso, denunciado por tibio cualquier mediador, saboteada cualquier salida negociada.

Desde esa óptica, Fidel Castro es un jugador perfecto, siempre capaz de sacar el máximo partido de cualquier situación de crisis. Cuando lo vemos entrar de nuevo en la partida —las veces en que ha salido por alguna razón, esos espacios en que se toma un descanso, muy pocos en estos años, el juego pierde fuerza— nos inclinamos interesados, atentos al tablero, porque nos decimos: veamos, algo aquí sucederá.

Una nueva y linda provocación, el insulto alegre, el desplante airoso. Habiendo observado a sus adversarios desde afuera, habiéndolos estudiado con total sangre fría. Avanzando con un estilo rudo y hasta torpe, con una técnica que se nos antojaría imposible, cometiendo, todas las faltas del mundo, con años de más y las rodillas destrozadas, pero encestando cada vez, milagrosamente.

De modo que aun quienes lo odian lo admiran, y se dicen: bueno, juega que da gusto. Sin él nada sería así. Vendrán temporadas apagadas, seguro.

Y el pasmo ante tanto contrincante miope, que cae, sin que podamos explicarnos cómo pudo caer en la misma trampa, una y otra vez.

Mañoso y marrullero, todo un profesional.

De las estrellas de la liga.

Habría más bien, ahora que lo pienso, que descalificarlo, impedirle jugar, proscribirlo. Pero si él está en el juego, ¿cómo y de qué modo ponerle un alto?

Y desde esta altura fácilmente detectable surge un único patrón, repetido hasta el cansancio: el de ser un artista de la provocación. Como, por ejemplo, imaginó muy al principio el asalto a un cuartel del ejército. Un grupo de jóvenes, el recurso de las armas. Algo —y en esto me traiciono al confesarlo— que me cuesta trabajo imaginar, siquiera considerarlo. No soy un facineroso, ¿sabe usted? Sino alguien que tiembla si me echo al bolsillo unas cuchillas de afeitar en una tienda de autoservicio.

Ahora imagínese planear un asalto a una fortaleza militar.

Un excelente instructor además, que ha sabido explicar de manera clara y eficiente su estilo de juego a todo el equipo. Y no sólo por el adoctrinamiento —que también se ha dado y mucho, hasta el punto de que podría decirse, afirmarse, que mucha de la enseñanza en Cuba ha sido adoctrinamiento puro y duro—, sino lográndolo también con actores independientes: ministros, cancilleres, altos funcionarios, todos capaces de actuar de manera autónoma, en la real adhesión a una escuela. Como un artista grande que imprime su visión a toda una generación en la que podemos descubrir —en todos sus epígonos— su sello inconfundible.

Han debido vérselas los Estados Unidos con un político sofisticado, un signo y una señal de esa mayoría de edad de la que hablo y que nuestros vecinos, a la sazón administradores de la isla (o en gran medida administradores de la isla), no vieron.

AL BORDE O NO DEL DESARROLLO

O concedamos que la Revolución estaba en el aire, pero una revolución de otra índole. La sociedad cubana se estaba *revolucionando* a pasos agigantados y en todos los órdenes. Y entonces había surgido un claro interés de traducir esa nueva inteligencia en instituciones políticas más estables, en una fórmula autóctona de democracia y, lo más importante, replantearse la relación de dependencia con los Estados Unidos.

Pero nunca es más frágil un país que en ese momento de despegue, con todos sus habitantes en el aire, listos para reconfigurarse en un nuevo dibujo y por eso mismo fáciles de ser unidos en un haz, zarandeados con violencia.

El marco político de todo el país a la zaga de los buenos indicadores económicos.

Esto es importante.

Y nada hizo la clase política, o casi nada, para adecuarlo, para permitir un mayor juego democrático. Se insistió en el molde viejo del tutelaje, se permitió incluso —en claro retroceso sobre lo que se había avanzado— la ignominia de un golpe de Estado.

Por lo que una revolución, un estallido sistémico, era casi inevitable.

No había nada, sin embargo, ninguna conjunción vectorial de condiciones objetivas —pobreza, opresión, dominio extranjero— que apuntara indefectiblemente a esa revolución. Todo lo contrario. La Revolución se dio justamente por la percepción de que estábamos bien, de que el progreso definitivo era un asunto de pocos años, el momento en que quedaría demostrado, brillantemente expuesto, Cuba a la cabeza de todo el continente.

O para decirlo de otra manera: la Revolución cubana ocurrió porque estábamos imbuidos de lo americano, del espíritu positivista, del optimismo anglosajón. Presentada la idea misma de la Revolución como una revolución americana, como la misma de ellos de 1776, y por ende buena.

¿Era la existencia anterior, la vida de Cuba como protectorado, digna de ser echada por la borda en aras de la independencia final, de la solución última y definitiva de nuestro estado de soberanía suspendida?

¿Valía la pena deshacerse de todo? ¿Cabía o existía la posibilidad de un ascenso económico todavía mayor que hubiera permitido una solución clara y definitiva del problema (cero injerencia de los Estados Unidos), para 1990 digamos, pero sin el trauma y la violencia que el doctor Fidel Castro prescribiera a todo el país?

En cualquier caso, el acceso a la vida soñada de la existencia independiente resultó muy estrecha, demasiado estrecha.

Debieron, y este acto de consecuencias incalculables no fue visto como tragedia, expulsar del país o forzar al exilio a cientos de miles de personas.

A millones.

Tan sólo eso.

Me he dicho más de una vez: un proyecto cuyo costo significa perder casi el diez por ciento de la población, un proyecto así, ¿quién en su sano juicio, qué país medianamente democrático, habría apoyado un proyecto semejante sin dejar claro y sin criticar fieramente su insania, su naturaleza quimérica y dañina?

CAZA MAYOR

LA FIERA EN CAUTIVERIO

Como un animal grande que se tiene en cautiverio y al que se lleva a los aldeanos a azuzarlo por entre los barrotes de la jaula.

El espectáculo insólito de un país tan grande y poderoso —el más grande y poderoso de la Tierra, los Estados Unidos— enfrascado en una guerra sin cuartel con un adversario tan menor.

Esa sola imagen ha cautivado la imaginación de los contemporáneos.

Le ha permitido a Fidel Castro presentar su triunfo como el más grande, el más inverosímil, el más acabado.

Una contribución, un manantial de fuerza que nunca ha dejado de tener a la mano todos estos años. Un subsidio no menos rico y generoso que los millones reales de los rusos. Éstos contribuyendo de manera voluntaria y consciente; Estados Unidos de manera involuntaria, torpe y patética.

Jamás se ha confundido Fidel Castro en cuanto al carácter binómico de la Revolución cubana. Qué insignificante sería sin la entusiasta participación de los Estados Unidos en el papel de atacante principal, de fiera sañuda, sin la cual habría sido una puesta en escena sin espectadores desde hace mucho tiempo.

En esencia, no se ha dado ningún avance desde el comienzo mismo, sólo estrategias alternativas, cambios de escenario. Y las veces en que, aconsejado por el sentido común o aliviado de las presiones internas por razones del ajedrez político, los Estados Unidos han intentado un desplazamiento, un ablandamiento o, ¡terror!, abandonar el juego, se les ha provocado fría y calculadamente.

Recurriendo siempre a la estrategia de la provocación estridente y que humilla, que no deja otra alternativa que volver al centro del ring, conformar de nuevo el cuadro del abrazo terrible y la amenaza.

A los Estados Unidos realiza Fidel Castro una de sus primeras visitas oficiales en marzo del 59, a tres meses del triunfo revolucionario, pero ya taimado, como lo pinta tanto memorialista, arropado de manera que no se le viera el propósito de no aceptar favor alguno, crédito por mínimo que fuera, ayuda económica, nada que pusiera en peligro (acusado luego de deudor ingrato) el ataque formidable que preparaba (o la traición que anidaba en su pecho).

Que era el único comportamiento posible desde el punto de Fidel Castro: tan sólo una ruptura, una desviación enérgica del curso podía llevar al éxito.

Cualquier entendimiento, cualquier mano extendida hubiera comprometido fatalmente su proyecto, y se cuidó mucho de ello.

Lo que se quiere decir aquí, sin tildar su proceder de alevosía profunda, es que los Estados Unidos fueron víctimas de una provocación.

En la que cayeron pesada y estrepitosamente, llevados por el peso y la inercia del absoluto convencimiento de que Cuba, en su insolencia, debía ser castigada.

Pero llevados también, fuerza es decirlo, por su lado franco y benefactor.

¿No le habían hecho un gran favor a Cuba, sacándola de las garras del español? ¿No les debía la isla su independencia o, de acuerdo, su remedo de independencia? ¿Cómo concebir desagradecimiento tal, tan negra ingratitud?

¿No te lo he dado todo? ¿No eres quien eres por mí?

¿Cómo puedes hacerme eso?

Que no otro ha sido el tono todos estos años, de amarga queja de cónyuge traicionado. Un pataleo de pareja abandonada. ¿Quién no lo ha sentido así?

Y luego: el agravio sumado al agravio: el dinero amasado (en años de matrimonio), los bienes adquiridos, mi dinero.

Planes de asesinato, denuncias sobre denuncias. El feo y denigrante espectáculo de un divorcio. Y los hijos, esa clase media que se halló abandonada en medio del vendaval revolucionario: te los dejo, puedes llevártelos. Y se fueron con los Estados Unidos, se los llevó como una madre terrible, a que vivieran bajo su techo.

ENTUSIASMO

Ahora bien, fue grande el entusiasmo. Esto es importante. Hubo entusiasmo. El que se da en un ambiente rebosante de ardor juvenil, el jolgorio de un concierto de rock.

¿Porque cómo, por otra parte, no despertar entusiasmo con el racimo de medidas populares, *populistas*? Las reducciones mágicas del alquiler, los aumentos mágicos del salario. La alegría de quien no entiende muy bien de números, a quien se puede convencer perfectamente, y sin que medie coacción alguna, de que de ahora en adelante todo saldrá a pedir de boca. Porque antes, y por tanto tiempo, fueron víctimas de una conjura. Que fue descubierta ahora y sacada a la luz.

Miel sobre hojuelas.

El delirio genuino de tantos jóvenes (hoy todos abuelos) movidos hasta el llanto por cuatro acordes bien rasgueados.

Y en la antigualla de esos trajecitos entallados.

Y las corbatitas.

Los portentosos arreglos musicales en los que llegamos a creer, que imaginamos posibles por un momento. Hasta que entendemos (ya afuera, acabada la función) que no está en nosotros volar, que jamás, ni en el más remoto de los sueños, volaremos de esa manera así de fácil. Adultos, sabe usted, se trata de personas adultas, no, —¿por qué no decirlo de una vez de la manera más odiosa y aborrecible?— del populacho ansioso de milagros.

Se intentó argumentar en medio de la algarabía y el estrépito. Fueron muchos los que pidieron la palabra para expresar su descontento, puntos de vista divergentes. Fueron acallados a gritos. Nunca fue la Revolución cubana un proyecto democrático, nunca pretendió serlo. Creían fervientemente tener la razón y ahí estaba, para corroborarlo, el apoyo entusiasta de la masa y, muy al principio, el apoyo de tanta gente de bien, admirables personas de la clase media y admirables personas de la clase alta. Y no hay ironía en lo que digo: admirables personas de la clase media y admirables personas de la clase alta que dieron todo su apoyo a la Revolución y se declararon enemigos de todas aquellas también admirables personas de la clase media y de la clase alta, cubanas también, pero que tenían e intentaban expresar, ¿cómo así?, un punto de vista diferente.

Y donde el doctor Fidel Castro —un hombre inteligente, instruido— veía un camino despejado y luminoso, la fresca arboleda en la que bastaba extender las manos a las ramas cargadas de frutos, su experiencia les pintaba pesares sin fin, sufrimiento y años de andar por descampados.

VIOLENCIA

No hay página que trate de esos días del comienzo de la Revolución cubana en la que no fulgure, con brillo terrible, la palabra *paredón*. Coreada por grupos de vecinos, coreada en los centros de trabajo, coreada, cosa terrible, por los niños en las escuelas. Una palabra, presentada así como reclamo popular, que llegó a tener el mismo efecto amedrentador que el espectáculo de la guillotina, en la plaza y a la vista de todos, de los días del Termidor.

No creo que jamás llegue a conocerse la cifra exacta de los fusilados en los primeros años. Admitamos, por lo demás, que no fue alta, que nunca (es algo fácilmente argumentable) alcanzó las elevadas cotas de aquel país o de aquel otro (desgraciado) país.

Se fusiló, sin embargo, mucho. Y se hizo, ¿cómo decirlo?, alegremente.

Pero detenerse en el número real de víctimas sería destacar el hecho físico, dejar de lado el hecho simbólico cuyo impacto aún persiste. A tal punto que todavía hoy, muchos años después, decenios después, es fácil determinar su presencia, colocar el miedo como la causa de comportamientos de otro modo inexplicables.

La manera que tienen los habitantes de Cuba, los siempre alegres y fiesteros cubanos, de bajar la voz cuando hablan en público, aluden o mencionan medida alguna del gobierno. El miedo que atenaza a todo el país, la desconfianza y las delaciones que hacen virtualmente imposible cualquier intento de agrupación, cualquier conato de oposición ¡no armada!, pacífica.

Un miedo que algunos declaran en remisión porque nuestro pueblo heroico, que sabrá sobreponerse, etc. Y se equivocan: su efecto profundo y duradero se adentrará en vastas zonas de nuestra vida futura. Generaciones enteras marcadas por el miedo, dañadas. Una nota triste hay en esto que digo y que ningún optimismo de campaña política querrá aceptar. No hago eso ahora, política, y puedo decirlo: un daño irreversible.

Se recogen diez mil firmas en un país de once millones y se presenta como una victoria, que sin duda lo es, ¡una gran victoria!, pero ¿no es también, y no debería decirse que es también, una clara muestra de cuán atosigados viven por el miedo? Un fenómeno profundo, extendido. Y que deberá destilarlo todo el país, ese miedo, gota a gota. Que será fácilmente perceptible en cierta falta de iniciativa, en la más negra apatía política, todo lo que de manera palpable diferencia a nuestra generación de las generaciones anteriores, de personas nacidas en libertad.

Se me argüirá que no: que viven sin miedo. Y no podré contraargumentar por ese lado, presentar datos. Me limitaré a añadir confundido: yo mismo, ahora que escribo esto, estoy lleno de miedo.

Lo mucho que se mató en los primeros años de la Revolución cubana, sin que les temblara el rostro, jamás lamentándolo.

Bien visto, es justamente el rostro del Che Guevara en la célebre foto. La expresión de quien avanza impertérrito, sin que nada lo detenga, sin reparar por dónde y a quién pisa.

Que si se cree en lo inevitable de la así llamada violencia revolucionaria, en su efecto cauterizador, salutífero, entonces resulta una bonita foto.

Pero que si se ha pensado y se ve como lo veo aquí, como un triste error en que un país ha caído, en la enormidad de los muertos, su mirada es entonces de una dureza que asusta.

O fíjese bien, cuando tenga ocasión, en tantos retratos de ésos sobre el pecho de jóvenes ¡y en tantos taxis!, en reproducciones por todo el mundo.

BRAVUCONERÍA

La insufrible bravuconería que ha primado todos estos años y que era ya visible en las primeras intervenciones públicas de Fidel Castro, sus arrestos barriobajeros, la sonrisa satisfecha con que se acomodaba el pantalón a la cintura, todo el lenguaje corporal, un detalle que ahora jamás paso por alto, de alguien muy pagado de sí mismo.

Me he dicho más de una vez, viendo esas viejas crónicas (de antes de mi nacimiento algunas, otra de cuando yo era todavía un infante y durante todo lo que va de mi vida adulta, ¡tan largo ha sido el reinado!), que de tener entonces la edad que tengo ahora y saber lo que he aprendido habría, automáticamente, desconfiado de personaje tan petulante y rufianesco. Con muy malos ojos habría observado cualquier movimiento de zona tan cargada de claros defectos: un demagogo y un populista a flor de piel.

Y la sorpresa que me causa cuando cae en mis manos algún diario habanero, la virulencia terrible, las altas cotas de violencia verbal, los espumarajos del editor en jefe, la intimidación por el lenguaje.

Y el sentido de lo que dice: las más violentas ofensas.

Siempre.

La descalificación del contrario. No hablan de personas, jamás, se trata de apátridas, de enemigos del pueblo y, la bonita palabra, de *gusanos*.

Una escena política ajustada a la estridencia.

El denigrante espectáculo de quien exige a gritos, fuera de sí, lo que estima son sus derechos. El altercado en una estación de metro en el que evitamos inmiscuirnos, porque se revolverá contra ti, te acusará la persona salivante y furiosa a la más tímida solicitud de un recuento objetivo de los hechos. Esto por sí solo, este detalle o deferencia hacia el contrario calificada como una traición; cualquier intento de conciliación que tome, por un segundo, el punto de vista del otro.

Este libro mismo al que le esperan la denuncia más delirante, las acusaciones. Las retahílas de invenciones, los improperios que generará en el amplio frente de esta reyerta que dura años, el tono zahirente y tremendo de la histeria.

Eso me ha detenido al principio, he dejado de escribir unos días sopesando esta perspectiva, la entrada a la terrible senda de malentendidos y falsedades con que buscará ponerlo, a este libro, en entredicho.

Y he seguido.

Mas no porque me asista la razón en todo (lejos de creer eso, más bien seguro de lo contrario: a nadie, por separado, le asiste toda la razón en este asunto), sino por la intención más pacífica de buscar la moderación, de alejarnos de la estridencia, de abandonar de manera voluntaria el ruido.

LA PROPAGANDA Y LA MANIPULACIÓN TENDENCIOSA

O para decirlo de una manera rápida: la Cuba de antes de 1959, La Habana, particularmente que la Revolución y la propaganda revolucionaria pintaron como una sucia casa de citas, fue simple y premeditadamente calumniada.

No logro verlo de otra forma.

Calumnia que fue lanzada en medio del calor revolucionario como la excusa tremenda capaz de justificar el alcance y lo expedito de la Revolución, un cuadro que ilustrara eficazmente su necesidad.

No como una de las más bellas capitales de Occidente, con sus muy decentes universidades y sus muy decentes colegios para la enseñanza primara; la urbe grande de prósperos barrios de clase media y pobres barrios de gente común y corriente como mi abuelo, levantándose en las mañanas, con una vida que llevar. Enamorado, pongamos, de mi abuela, buscando crecer, hacerse de un lugar bajo el sol, como todos los hombres en todos los países de la Tierra.

No: un mero puerto de pacotilla, La Habana. Una ciudad de baja estofa, sus hoteles repletos de prostitutas y sus bares repletos de prostitutas y sus barrios repletos de prostitutas. Y la corrupción y el juego. Un tugurio, se ha dicho, un sucio burdel de los americanos.

Ni más ni menos.

No conozco cifras, no he consultado los censos, pero parto aquí de un simple cálculo: no creo que haya habido más prostitutas per cápita en La Habana de los cincuenta que las que actualmente hay en la Ciudad de México, por poner un ejemplo, o en Ámsterdam, en todas las ciudades del mundo donde la prostitución se ejerce de manera franca, sana podría decirse.

Pero no en Cuba, no en La Habana. La plaga terrible y babilónica que se estimó necesario barrer con gesto de matrona airada. Y se cerraron los prostíbulos y ellas fueron *reeducadas*, ése fue el término usado para las muchas que lógicamente sí había (¿cómo de otra forma en una ciudad portuaria?), y en pocos meses, demasiado pocos, quedamos libres de prostitutas.

Ahora que, bien visto, ¿no es terrible eso?

¿Que un país quede absolutamente libre de las mujeres de la vida, de todos los países sobre la Tierra?

TURISMO

Estaba también, ¿cómo olvidarlo?, el turismo al que el país se cerró a cal y canto durante decenios, denunciado como una influencia perniciosa, de la que Cuba, como doncella en alcázar, debía mantenerse a salvo. Y de cuya jugosa órbita se nos sacó en volandas sin reparar en daños, sin importar las consecuencias.

Vale hacer un aparte porque hay aquí, hay algo que no se toma en cuenta cuando se habla de aquel del turismo. Que los Estados Unidos de la posguerra, viviendo uno de los más largos periodos de prosperidad de su historia y que, en la época anterior a los *jets* comerciales, cuando un viaje a Hawái tomaba un día largo, Cuba era vista, por su cercanía, como el lugar idóneo para vacacionistas norteamericanos.

No se sabía que el planeta entero estaba en vísperas de lo que llegaría a conocerse como *turismo de masas*, un fenómeno nuevo que pondría a volar a fontaneros y a secretarias. Aquel tropel de turistas norteamericanos debe haber parecido terrible, abrumador. ¡Y era tan sólo el comienzo! Viviendo, sin saberlo, los primeros días de lo que llegaría a convertirse en un jugoso negocio perfectamente decente a escala planetaria.

Un turismo infantil y rozagante en España, los ingleses que por las mismas fechas poco más o menos comenzaron a bajar a Cantabria, rubicundos y risibles los alemanes en Mallorca.

Tenebrosos y pérfidos aquellos turistas norteamericanos en Cuba.

Todo lo que fue presentado como una calamidad, por la adusta (y virginal) Revolución cubana. Una plaga a la que el país debía cerrarse en cuarentena, a salvo su identidad y sus valores.

Pero que cuando se acabó la entrada de aquel dinero ruso, dizque limpio y dizque honesto, han vuelto a ser vistos, los turistas, como la tabla de salvación. Se ha intentado recuperar el tiempo perdido. Siempre a la zaga de lugares como Cancún, sobre el que jamás nadie ha dicho que debe ser detenido en su marcha hacia la perdición total. Lo contrario, más bien: un legítimo destino turístico en el que también se dan, sí excesos de turistas borrachos, conductas impropias de muchachos lejos de casa, nada que no pueda ser resuelto por la policía.

Nada que amerite una revolución.

GUERRA CIVIL

La memoria y la alegre tradición de la pelea llevaron a los descontentos con los tempranos desmanes de la Revolución, con las expropiaciones, con la nacionalización de casi todo, a la rebelión por las armas. Una reedición de la gesta revolucionaria, pero de signo contrario.

Dos maneras de ver el mundo enfrentadas o, pensándolo bien, enfrentadas dos maneras de entender lo que constituye el eje de central que analiza este libro: cómo reformular la relación de dependencia de la isla de Cuba con los Estados Unidos.

Se peleó en esencia por una diferencia de enfoque sobre los medios con que alcanzar este objetivo: mediante el aherrojamiento de todo el país, su reconversión en una formidable maquinaria militar. O bien, entendido el costo tremendo e imposible de aquella operación, apostar por una alternativa evolutiva, no menos independentista, nacional o patriótica, pero moderada. También éstos con el desarrollo de Cuba en mente: despegue económico y bienestar general.

A partir de ese momento los del bando contrario a la Revolución cubana no fueron vistos como cubanos, connacionales. Fueron calificados expeditamente de agentes de una potencia extranjera. Que se merecían el exterminio físico, la expulsión en masa, ninguna representación en el espectro político del país.

Unas cuantas torpezas de los Estados Unidos, la tan mal organizada invasión a Bahía de Cochinos, el desordenado y titubeante apoyo a la insurgencia, terminarían por comprometer cualquier alternativa a los ojos de la opinión pública. De la ya muy nacionalista, en pleno fragor de la batalla, opinión pública.

En su fase activa la insurgencia duró más de siete años. Del bando vencedor se celebran efemérides, se han escrito libros, rodado filmes sobre la vida y el martirio de muchos héroes. Al bando vencido se le ha calumniado de todas las maneras posibles. Empezando, claro está, por llamarlos *agentes del imperialismo*.

Presentados como asesinos de niños, asesinos de ancianos, asesinos a secas, violadores, profusa y descarnadamente malos.

La debacle de una guerra que nadie ha lamentado, sobre la que se pasa por encima como si nada hubiera ocurrido. Como si tan sólo a sesenta años de la escabechina contra España y la brutal revolución del 33 no hubiera el país vuelto a vivir el desatino de una guerra fratricida. En que familias enteras fueron reubicadas a la fuerza, acusadas (con razón y ¿por qué no iban a hacerlo?) de proporcionar apoyo logístico a la guerrilla. Lo que aumenta todavía más en muchos miles, decenas de miles, cientos de miles, el número de enfrentados en esta guerra en la que hubo, como en toda guerra civil, juicios sumarios, ajusticiamientos sin juicio, crueldad e iniquidades de ambos bandos.

No pensaban con claridad quienes buscaban regresar sin cambios al *statu quo* anterior a 1959. O consideraban posible apartarse de aquel *statu quo* sin un enfrentamiento frontal como el propugnado por la Revolución cubana contra los Estados Unidos.

Pero tampoco pensaba con claridad la Revolución cubana, que calculó fríamente el gasto humano en decenas de miles de vidas truncadas, de personas desaparecidas de la isla, aunque no fueran muertas, o aunque sólo fuera el par de miles de la contienda más los fusilados, otros varios miles, y lo consideraron posible y siguieron adelante sin reparar en ello.

Otra vez: ¿cabía una tercera vía, una vía alterna a la Revolución cubana? ¿Aguardar el paso de los años, una solución pacífica, digamos, para 1978 o 1991, una isla más fuerte económicamente, independiente y, lo más importante, no violentada?

Creo que sí, es lo que creo.

Pero no por eso me erijo en juez, desde la altura y la mejor perspectiva de los años.

VIDA POSTBURBUJA

VIDA POSTBURBUJA

La así llamada Revolución cubana, el estado de excepción que ha sido, es una vida postburbuja de quienes se niegan a reconocer el fracaso. Cuando todo revienta, hace muchos años, se adulteran los resultados y se inyecta capital extranjero, de los rusos en nuestro caso. Y cuando éstos también desaparecen se sigue insistiendo en una conjura internacional, ya que sus cálculos son correctos, los números están bien y El Dorado al alcance de la mano, en cuanto los conspiradores y la conjura pierdan fuerza.

Jamás se ha concedido que se cometió un error, que todo el país, al borde o no del desarrollo, dio un salto al vacío en 1959, porque en Cuba no se vivía, a fin de cuentas, tan precariamente.

Permítame que insista en ello: había desproporciones, pobreza, se cometían injusticias, pero ¿dónde no? Ciertamente en ninguna parte o casi en país alguno del planeta. Y, quizá por eso mismo, por ese estado de relativo bienestar (conectados a la ubre americana), la percepción era que bastaba un pequeño esfuerzo, que alcanzar el progreso era un asunto de pocos años.

Ni parecen haber contemplado la posibilidad de que aquellos años llegarían a ser vistos como un estado mirífico, la memoria de un país de Jauja (que nunca lo fue, claro está) en que todas las necesidades del ciudadano de a pie, del hombre de la esquina, estuvieran cubiertas.

Aunque así lo parezca, contrastado con la penuria constante de la vida actual en Cuba, por las causas que sean y otorgándole aquí el beneficio de la duda por el traído y llevado embargo. Y aunque ese brillante fondo, el esplendor de La Habana de los cincuenta, oculte el atraso, los problemas muy reales que existían y que clamaban por una solución.

Pero la que terminó hallándose por medio de la Revolución cubana no fue un ajuste hacia arriba, sino hacia abajo, en la dirección del atraso.

Sólo que al principio, y durante muchos años, los que duró la Alianza Imposible, la penuria fue paliada con la entrada de los rusos, paladín o caballero (también del norte), que, como en una saga, acudió con sus botas de siete leguas a anteponer el pecho.

Nos reclinamos en él. Todo el país lloró su infortunio primero, y cambió por lágrimas de felicidad luego cuando de un caballero malo e injusto pasó al servicio ahora de uno bueno y cabal.

Un poco torpe y menos refinado, ¿qué importa?

BOLCHEVISMO, COMUNISMO

La palabra *comunismo* limpia de toda excrecencia o interpretaciones históricas, en su acepción más primaria: un comunismo. Esa construcción mental en que lo privado es mal visto. Un solo bien común en manos del Estado, que se convierte en el único empleador. La gestión ineficaz de ese estado comunal, comunista. Y la introducción, por consecuencia, de una economía requisitoria, de guerra, desviado todo bien hacia el Estado. Convertido ahora en Estado Mayor. Todo esfuerzo y todo talento y toda la voluntad del país volcados a la tarea única del enfrentamiento.

¿O quizá tan sólo debemos considerar el proceder natural confiscatorio de la Revolución cubana? Natural porque consideran —en la inteligencia misma del bolchevismo— que toda propiedad es producto de un robo, que robar lo robado no es robar.

En cualquier caso, abordemos el asunto del marxismo leninismo sin mayor resuello teórico, sin que se nos enreden los pies en sutilezas académicas, dispuestos a reconfigurar cualquier cuadro, en todo momento. A reconsiderar todo enfoque, incombustiblemente pragmáticos: todo lo que sirva al frente.

En ese sentido.

El país modelado sobre la unidad militar, entendido como un ejército en campaña. Unidades de producción, el frente agrícola.

La cándida y enternecedora terminología militar.

Como niños.

Y la prueba simpática, infantil, del eterno traje de campaña, los arrestos de comandante, el que se autobautizase comandante. ¿A qué adulto, en su sano juicio, se le ocurriría semejante locura? Esos amigos que todo el mundo tiene chalados por lo militar, el chalequito con los muchos bolsillos. Un tonto, ¿sabes?, le diríamos a nuestra esposa antes de apagar la luz y dormirnos, porque claramente está mal de la cabeza aquel hombre.

MIAMI

El clamoroso fracaso mediático del exilio en Miami que no ha sabido explicarle al mundo, en sus casi sesenta años de existencia, en qué consiste su tragedia (porque de tragedia se trata, mírese como se mire), cómo se vieron despojados de todas sus propiedades, expulsados en masa como ninguna clase media o burguesía latinoamericana, orillados a ello, falsamente denunciados, desenmascarados, como agentes de la dominación norteamericana en Cuba.

En tarea tan inmensa como retar a los Estados Unidos, ¿qué podía importar que a muchos millones (a todo el país, en realidad) se les negara un derecho considerado como inalienable por todo Occidente, el derecho de la propiedad? ¿Qué podía importar, si todos ellos en realidad eran agentes de los Estados Unidos, gusanos?

La palabra terrible, el uso terrorista del lenguaje.

Y esta otra aclaración, pertinente: cuando digo Miami, las veces que he dicho o diré Miami debe entenderse como una figura de lenguaje, una generalización. Miami son muchas cosas, contiene Miami un amplísimo espectro de opiniones políticas, desde los más extremistas y furibundos —el polo más conocido y visible—, al otro extremo de conciliatorios y pacifistas. Pero del mismo modo que la variante independentista está únicamente representada por su exponente más extremo, el fidelismo, el extremismo de Miami, es la cara más visible del exilio.

Miami es hoy, además, todo el mundo. En mayor o menor grado y sin que sean, lógicamente, Miami: mis amigos en México, mi hermano en Argentina, mi exnovia en Atenas, todas las personas que la Revolución cubana, en su avance de años, ha obligado por una u otra razón, a exiliarse, a poner mar de por medio.

Pero toda vez que Miami ha representado, de manera rápida y simplista, la oposición a la Revolución cubana, cedo a veces, en el curso de mi exposición, al impulso y al error de llamar Miami a algo que es mucho más o incluso no lo es en grado alguno.

Y lo que no ha sabido explicar Miami al mundo, lo que ha consistido en su más que estrepitoso fracaso mediático es no haber demostrado que no se trató de la gran propiedad, de los grandes latifundios, verdadera lacra de América Latina. Y en cuya confiscación participó ella misma, convencida muy al principio, la muy nacionalista y patriota clase media, de que era un proceder correcto ponerle algún freno a la ajena y enemiga oligarquía entreguista.

¡Aquí está su culpa y en esto su error! Porque el cuchillo terminaría cortando cada vez más cerca, llegando hasta ellos, que no tardaron en verse extirpados como un mal execrable. No importa que fueran la parte más pingüe, más económicamente sana del país. Declarada inservible, sustituible. Según ese materialismo voluntarista que considera a las personas meras estadísticas: teníamos tantos médicos o tantos profesores, o lo que sea. Prefirieron huir a América (no se dice por qué prefirieron huir, cómo se los orilló a ello). Y a todos esos médicos (entreguistas), todos esos profesores (pequeño burgueses), todos esos intelectuales (íntimamente flojos) los sustituimos en el plazo de un número años por médicos, profesores e intelectuales de nuestra propia cosecha socialista, incondicionalmente revolucionarios, mejores.

Y el estrepitoso fracaso mediático del exilio cubano ha sido no haber mostrado las razones y la profundidad y la calamidad de esta tragedia.

¿Cómo es que no han sabido salir de ello? ¿Cómo es que en todos estos años han sido incapaces de hacerse oír, de elaborar un recuento, una narrativa que logre explicar esto? ¿Cómo es que han escogido siempre la estrategia equivocada, infructífera, de la queja y el agravio?

Eso es algo que me gustaría discutir, pero no aquí, más adelante (cuando hayamos rebasado aquel semáforo).

JOLGORIO CONFISCATORIO

La Revolución cubana limpió el entramado social, hizo espacio en la punta de la pirámide que con nerviosa rapidez fue llenada por huestes de segundones, de jóvenes de provincia, de intelectuales de extracción pobre que vieron en ello, en lo que sucedía, un acto de incuestionable justicia: la oportunidad providencial que les permitiría quemar años, saltarse puestos, llenar los vacíos formados en lo jerárquico y en lo físico por el exilio forzado de la élite anterior.

La posibilidad de hacer carrera en la capital, en ministerios ahora vacíos, de ocupar cargos que de otra forma llevarían años de maquinaciones y fatigoso ascenso. Todos los que de agitadores entusiastas pasaron a cómplices interesados, que siempre han visto con malos ojos el posible regreso de los expulsados, cuyos movimientos y deseos de restitución observan con natural y explicable aprensión. Todo el que ascendió y se colocó en aquellos años. Mis propios padres...

¡Y las casas! Una casa, la nuestra, en la que pasé mi primera infancia, francamente magnífica: ¡cinco baños!

Eso tan sólo hoy me hace detenerme maravillado: ¡cinco baños! Que los recuerdo todos y cada uno de ellos. ¡Y la biblioteca en el salón encristalado! ¡Y la escalera volada de mármol y granito! Tan grande y bien dispuesta aquella casa, que en 1969 se la pedirían a mi padre para instalar en ella una policlínica zonal. Y nos mudamos a otra no menor, más bien inmensa aquélla también, el pasillo por el que montábamos patines mis hermanos y yo, los cuartos muy espaciosos e iluminados, y el comedor con sus jarrones de auténtica porcelana china.

Amuebladas esas casas con muebles de anticuario, decoradas con cuadros confiscados a la burguesía y que estaban disponibles en varios almacenes por toda la ciudad.

Recuperación de bienes, así se llamaban.

Donde una persona podía escoger, a discreción: un piano para la sala, el óleo de un antepasado ajeno, bronces... Años después visité una casa que había sido aprovisionada a conciencia en algunos de esos almacenes y entendí la austeridad y el comedimiento de mis padres, que se habían detenido tan sólo en lo necesario. Mi madre quizá un poco más allá: los jarrones de porcelana y el bacará por el que debe haber sentido debilidad en su juventud.

Las mansiones donde pasé mi infancia como un hijo de la burguesía anterior, pero que jamás le perdoné a mi padre que no escogiera una casa de aquéllas con piscina. Lo deteníamos siempre en aquel punto, en la parte en que nos contaba cómo había ido a escoger casas acompañado de un soldado con un manojo de llaves y se había decidido por aquella en que vivíamos tras haber descartado varias con piscina por temor a que nos ahogáramos en ella.

Nos venían lágrimas a los ojos, no lográbamos entender tanta torpeza... Aunque era muy grande y hermosa nuestra casa, ya lo he dicho. El barrio en que vivíamos, la casa todavía más fabulosa de la esquina, la mansión propiamente dicha de un exlatifundista de quien terminamos siendo, mi papá y mi mamá, nuestra familia, los mejores amigos. En aquel suburbio esplendoroso, en aquellas casas enormes, californianas, entre tantas familias confiscadas, aquella pareja joven y entusiasta como símbolo y representación de los confiscadores. Insertados, sin embargo, porque la vida pasa, y eran buenas personas. Amigados al poco tiempo, buenos vecinos de toda la cuadra, en excelentes términos con el empleado del banco, el dueño del Bel Air y consultando a veces, mi padre, como médico, al niño de la linda casa pintada de rojo y blanco de la acera de enfrente.

Y he entendido el dolor de Miami (es un decir, ya expliqué eso de Miami) por todas esas casas que dejaron atrás, y me ha remordido la conciencia por haber vivido en una de ellas. Como me contó Miguel, el jardinero que heredamos para el jardín arbolado y el patio inmenso de nuestra casa de Alta Habana que, una vez instalados mis padres, debe haber ofrecido sus servicios para hacerse cargo de los canteros y el césped.

Trabajó en mi casa hasta muy anciano y me contaba, veinte años después (¡más!), cómo antes de irse a Francia los dueños anteriores le habían pedido: ¡Cuídenos el jardín, Miguel, que regresamos pronto! Y no lo decía con sorna ni divertido, sino con una nota de perplejidad. Sobre cómo había terminado siendo todo: de la manera más increíble.

TRIUNFO DE FIDEL CASTRO

El triunfo de Fidel Castro ha sido grande, rotundo, clamoroso, incuestionable. En lo que se planteó: denunciar a los Estados Unidos como el enemigo irreconciliable de la nación cubana.

Porque si la subordinación política de la isla de Cuba, su situación de dependencia ante los Estados Unidos, el grado de injerencia de aquel país en la vida política y económica cubana era quizás el mayor problema de la república durante sus primeras cinco décadas de existencia, Fidel Castro fue el único que consiguió ponerlo en la palestra de la manera en que lo hizo: dramática, contestataria, electrizante. El más genuino grito de protesta, una maniobra elegantemente ejecutada; magistral en lo mediático, ejemplar en lo simbólico.

Y en eso se han equivocado quienes han intentado combatirlo, derrocarlo por ese flanco. Los adversarios que por años ha visto debatirse, tratando de herirlo fuera de foco, muy por debajo siempre del punto o plano principal de su victoria y, por lo mismo, sin eficacia posible.

Han intentado demostrar los males de un régimen, la dureza de un sistema, lo insoportable de un método que él ve como la condición inevitable de aquella otra lucha mayor, con restricciones dictadas no por su mal corazón (que es amable y que en largas pláticas y entrevistas periodísticas se descubre como comprensivo y bueno, dicho así), sino impuesta por la férrea lógica del enfrentamiento.

Igual que un general que sabe que morirán diez mil jóvenes en la ofensiva que lanzará mañana, pero no se detiene por ello, porque la vida y el destino de la nación están en juego.

Ese cálculo.

El capital de su triunfo ha sido tan inmenso, tan bien administrado por años y años, que se ha necesitado el paso de un tiempo perceptiblemente largo, la caída de su principal aliado político, su sorprendente deterioro físico, el casi total descrédito de la doctrina socialista, para que el daño, la mella visible y así todo sin mayor merma.

O al menos, y hasta hace poco, con una afectación mínima: la prueba irrebatible de su incuestionable y ampliamente constatada popularidad entre los taxistas que aquí se acredita.

La increíble presencia en el imaginario colectivo, su papel bien ganado como flagelo y espina en el costado del imperio. Imagen que, me temo, jamás perderá fuerza, todo lo contrario: veremos acrecentarse la leyenda que su envidiable longevidad ha pospuesto un tanto enojosamente.

No veo cómo, de qué modo y por qué podría estar insatisfecha una persona, el líder político capaz de tanto y por tantos años. En eso Fidel Castro es un político grande y único (pero un político terrible, sesgado, un hábil demagogo, infatuado vendedor de plaza).

SOLIDARIDAD MUNDIAL EXPLICADA

EL MITO

La ficción más terminada, la más cautivadora saga, a la par de otras del continente americano: la de la Conquista, la de El Dorado ubérrimo.

De ese acabado y de esa escala.

Un como cantar heroico en que los malos son muy malos y los buenos muy buenos, simple en cuanto a la trama pero magistralmente ajustada al gusto de la época: de rebelión contra los adultos, en que unos jóvenes (no importa que sean caribeños) se rebelan contra sus mayores (muy importante que sean los Estados Unidos). Conectado en profundidad con las capitales de Europa, la carga simbólica del abandono del hogar y la búsqueda del campamento *hippie* a la intemperie, adelantado el desplante del 68 o bien, si se quiere, siendo una de sus razones secretas.

Y a quién extraña la total lealtad de tanto intelectual latinoamericano, de tanto escritor de genio hacia la Revolución cubana y en específico hacia su creador, el doctor Fidel Castro. Puedo explicarlo. Lo ven como lo que es: el fabulador más grande, un autor performático cuyos célebres discursos no son sino parte —la más importante— del *performance*. Saben esos escritores que es igual de grande que ellos en esto: en haber descubierto de qué modo incrustarse eficazmente en la literatura (o en la ficción) mundial.

Me equivoco en esto, estoy seguro. Oigo la voz de más de uno martillándome el oído (un amigo en París, una excondiscípula en Estocolmo), acallándome según la bonita costumbre insular: a gritos.

Los dejaría gritar, desgañitarse.

Retomaría acto seguido lo que he venido diciendo: es necesario ver a Fidel Castro (al impredecible doctor Fidel Castro) como a un artista grande, alguien que supo entender y presentar y montar el mito del enfrentamiento del país pequeño contra el Imperio, la insubordinación que tanta simpatía ha despertado por contar con Estados Unidos en el papel de grandullón abusador.

Y quizás aquí se encuentra la causa de su popularidad dentro de los propios Estados Unidos, entendido intuitiva o nebulosamente, en la linda tradición norteamericana del activismo ciudadano que le para los pies al gobierno.

Vista la Cuba de antes de 1959 como un territorio propio, donde el gobierno de los Estados Unidos se había excedido, le perdonan —y con ellos el mundo entero— el cautiverio de todo un país, la movilización total y la precaria vida castrense, todo en aras de un enfrentamiento que, no obstante, verían como demasiado oneroso para sus propios países. Algo que una prensa no amordazada bajo el pretexto de un eterno estado de emergencia no dudaría un segundo en condenar sin que se le acusara por ello de entreguista.

Y el entusiasmo tremendo que despertó la Revolución cubana en América Latina, cebado también en el odio terrible y el antiimperialismo. Provocado, es verdad, por el injerencismo yanqui pero también, y en no menos medida, por el éxito pasmoso de los Estados Unidos. Incomprensible para la mente un tanto mágica de los latinoamericanos, o más correctamente, de la izquierda latinoamericana que habla siempre de botín y rapiña, que sólo así logran algunos explicarse la bonanza y el milagro económico norteamericano.

¿Y no hay también en toda Europa cierta inconfesada incomodidad con los Estados Unidos?

A flor de piel, podría decirse.

Y les ha encantado verlos, a los Estados Unidos, en dificultades con el habilísimo jovenzuelo de modales imposibles, es verdad, pero soberbio en ese papel de denunciante y de espina en el costado.

VIAJES A CUBA A REFRESCAR EL MITO

O como esos señores, incapaces de renunciar a los trofeos mentales de su lejana juventud, el corte de cabello atroz, las camisetas por cuyas mangas asoman los brazos flácidos de un sesentero. El alborozo patente, las fotos que se sacan en los viajes que hacen a la isla de Cuba, reconvertida en meca del turismo revolucionario. Las memorias bien intencionadas que pergeñan luego, la confusión que multiplican y que no hay argumento, libro (éste incluido), que sea capaz de desmontar. Estereotipos sobre estereotipos en acumulación constante. Transidos de nostalgia por los buenos tiempos de la Revolución triunfante. ¿Y cómo no gustarle a todo el mundo, a los jóvenes de ahora, esa música tan fresca, tan original, de los sesenta?

¿Cómo no preferirla a ese horror de hoy?

El atractivo que tienen las frutas de utilería (desde la platea), los panes de atrezo. Y el horror de los cubanos que viven bajo esa eterna puesta en escena, la sofocante existencia bajo los proyectores. Precariedad y vida al límite bajo la eterna presión de la escasez. El más elemental fracaso económico que tanto visitante deja de ver, todas esas enternecedoras amantes del progreso que arriban en oleadas a la isla a hacer loas de la más humana de las experiencias, blindadas contra cualquier evidencia.

Quieren ver y encuentran lo que buscan.

Perfecto.

Juran y perjuran que hablan con sinceridad.

También les creo.

Un reino de igualdad y de justicia social. Bien, si así quieren verlo. La necesidad de una ficción, de un mito que los alimente. ¿Cómo, repito, aportar pruebas, argumentos, datos estadísticos contra una obra de ficción, contra una novela? Eso es lo que reseñan. Eso ven y disfrutan. La saga de la Revolución cubana. Y están, en esencia, en su derecho.

Dicen, en esencia, la verdad.

MITO DE LA GUERRILLA VICTORIOSA

Los muchos mitos que habría que desmontar, que se resisten al análisis más tenaz, ruedan intactos, por el mundo, de capital en capital, de taxi en taxi.

Imperturbables.

El muy dañino mito de la guerrilla victoriosa, por ejemplo. Las tantas y tantas guerrillas latinoamericanas que fueron terminando durante tantos años, la perplejidad ante regímenes (corruptos) que se resisten a caer frente a la aparente facilidad (un verdadero paseo de dos años) con que cayó en Cuba el régimen corrupto de Batista. La publicitada ficción del joven levantado en armas que terminó derrocando al representante y defensor de los intereses americanos en Cuba. Militarmente. Así dicho y así expuesto. Pero habría que entrecomillar *derrocando* porque en rigor no hubo triunfo militar, derrota aplastante. Hubo, en su lugar, muy mala prensa (que nunca fue amordazada como sí lo está ahora), hubo una opinión pública muy en contra, hubo una toma de conciencia nacional, hubo, y esto es lo más importante, una clase media que votó literalmente, con actos de desobediencia civil, contra aquel régimen.

Y se trató, esto es de suma importancia, de un desplazamiento tectónico en la percepción norteamericana de la idoneidad de Batista para el puesto. Lo que confirmó una vez más el peso tremendo de los Estados Unidos en los asuntos de Cuba. Todo cambió, en efecto, cuando se decidieron a abandonar a su hombre fuerte en la Habana. A quien en entrevista con el embajador Smith o Jones o quien fuera, se le informó que el Departamento de Estado no lo quería más en el puesto.

Así de simple.

Una decisión que Fulgencio Batista debe haber criticado agriamente porque no entendían los norteamericanos que la lucha en realidad era contra ellos, que sacarlo del juego de la manera en que lo hacían (también mediante un método conocido: un embargo de armas en 1958, un embargo que pudiéramos llamar bueno, contrario y anterior al embargo malo de ahora) equivalía a abandonar la primera línea de defensa contra el furibundo antiamericanismo de Fidel Castro.

No estoy seguro de ello, no he leído nunca recuento alguno que lo aborde así, que avale esta suposición mía. Pero, al igual que Fidel Castro, Batista era un político norteamericano, alguien que había entendido la mecánica gravitatoria de la política cubana y su dependencia de la gran masa planetaria norteamericana con no menor perfección que el joven genio insurrecto. De ahí que Batista abandonara sin ofrecer mayor resistencia una guerra que en lo militar no estaba perdida de ningún modo, y que no lo hubiera estado jamás con un apoyo más sólido, más íntegro de los Estados Unidos. Al menos, debían haber intervenido para impedir la cacareada victoria militar, la publicitada entrada triunfal del minúsculo ejército rebelde con sus no más de dos mil efectivos para la época.

Una solución, deben haberse recriminado luego muchas veces los más inteligentes, debió haber pasado por trabajar a tres bandos: en la contrainsurgencia, en la retirada del apoyo al odiado dictador y en la ascensión de una figura de consenso.

Algo así se intentó, pero muy tarde y mal.

ERNESTO GUEVARA LYNCH

En la suerte de discusión soterrada que parecen haber sostenido todos estos años los dos atlantes de la Revolución cubana, Ernesto Guevara y el muy taimado Fidel Castro. El primero ha ganado clara y limpiamente. Su figura es la más grande y acabada: eternamente joven, eternamente justiciero y eternamente... irresponsable.

Y mientras Fidel Castro ha visto mermar cada día su otrora insondable capital mediático, el del Che permanece virtualmente intacto, sin que nada —revelaciones, memorias detalladas, nuevas biografías— parezca hacerle mella. Bien es verdad que a Fidel Castro le interesa más el presente y que con gusto lo vio morir (o lo dejó morir o lo envió a la muerte, cualquiera de estas tres versiones) y quizá nada le ha dolido verle ganar esa fama universal, de mártir de la Revolución Mundial.

Justamente el aire de ángel que la iconografía ¡hollywoodense! —parte del mismo *establishment* que el Che odiaba a muerte, quería hacer volar por los aires— explota con avidez.

Asombra la incongruencia y la falta de comprensión de todo este asunto de esos progresistas que adoran al Ernesto Guevara anterior, cándido y risueño, el joven que cruza la América del Sur en motocicleta. Pero ¿no sería lo mismo la de cualquier asesino o ajusticiador tremendo en su infancia?

De adulto, fácilmente: un ser estrecho y dogmático, dado a todo tipo de simplificaciones intelectuales. Aunque concedo que alguien disciplinado, con lecturas, con un marcado amor a la escritura, al punto de que en medio de la selva boliviana, aquejado por ese asma que sus biógrafos pintan terrible, lleva un minucioso diario de campaña en el que hay mucho detalle de escritor bueno, reflexiones que por fuerza atraen a cualquier persona entrenada en lo literario, en lo intelectual.

Alguien de quien me haría amigo el día de conocerlo, a quien le telefonearía una semana después, convencido de que podríamos ser buenos amigos, saldría con él un par de veces, tomaríamos cervezas en un bar. Hasta caer en la cuenta, a la tercera o cuarta salida, de estar con alguien tan distinto de mí, dispuesto a matar, literalmente.

Sin lugar a dudas, el mayor convencido, el menos arrepentido de la terrible violencia revolucionaria de los primeros años. Lo mucho que se dice que mató, que mandó fusilar, en la fortaleza de La Cabaña o dondequiera que fuera.

Todo lo que habría entendido de golpe una noche en un bar y que me haría prometerme no hablarle jamás. Aunque volviera a llamarlo dos días después y volviera a verlo en un café, y pasara algunas horas más a su lado, fascinado con su charla, y me tomara otras cervezas con él. Contento de tener un amigo, alguien con quien conversar, en una ciudad extranjera, pero a quien no dejaría de observar con alarma en los momentos en que se colocara de perfil, cuando se haría visible su núcleo acerado y feroz.

Me alejaría de él, como hoy me alejan de él todas esas anécdotas de su dureza hacia su familia, los hijos que tuvo en Cuba, la mujer que desposó en La Habana. Las pruebas de su carácter incorruptible que pueblan las memorias de quienes lo conocieron y que ponen allí como un rasgo positivo pero que a mí me hacen retroceder, espantado. Y luego la encantadora historia, también en las memorias de un íntimo colaborador, un guerrillero en Bolivia (porque tuvo el gesto y la elegancia de poner en práctica las verdades que anunciaba en sus libros, y murió allí tontamente, habiendo creído tontamente, en sus propias teorías), sobre cómo anduvo los últimos meses de su vida muy enamorado de aquella otra guerrillera, Tamara Bunker.

Como un hombre más.

Eso me hace verlo desde otro ángulo. Entendido que los últimos desplazamientos de su guerrilla no respondían a necesidades ingentes, a maniobras de evasión de la persecución enemiga, sino que repetían el vacilante trazo de un hombre enamorado. De la rubia Tania, a quien seguía por la selva. Eso lo redime a mis ojos, esa flaqueza humana.

Y el miedo que tuvo cuando lo iban a matar, ¡él, que tanto había matado!, y se identificó y algo así dijo como: «No me maten, ¡soy el Che!».

Y luego se recompuso, entendió que así, que de esa forma...

¿QUIÉN SOY YO Y POR QUÉ VOY VIAJANDO EN ESTE TAXI?

¿Quién soy yo y por qué voy viajando en este taxi?

Soy, podría decirlo de esta guisa y levantar más de una ceja, el más genuino fruto de la Revolución cubana, su más genuino hijo, alguien que de no haber ocurrido ésta, el acontecimiento que intento explicar en este libro, jamás habría venido al mundo porque mis padres consideraron posible tener otros dos niños, mi hermana y yo, en la holgura de los primeros años en que todo debe haberles parecido fácil.

Un niño modelo que creció en una guerra privada y no menos dolorosa que la que atravesaba el país, pero contra Carl Czerny, las escalas cromáticas y los estudios para cuatro manos de Béla Bartók. Las largas sesiones de piano que debí aprender porque mi madre había querido estudiarlo.

Un niño revolucionario, pero poniendo en práctica el sueño pequeño burgués de una infancia con piano y lecciones de esgrima. Fui luego, cuando crecí y quedó claro que jamás sería concertista, a la mejor escuela del país, a la, llamémosla así, Eton cubana. Una institución con el simpático y muy evocador nombre de Vladimir Ilich Lenin, el líder de la Revolución Mundial. Donde, en el ambiente de seriedad y excelencia académica —dicho esto sin ironía, totalmente exacto—, me decidí en el último año de estudios a convertirme en ingeniero en computación para lo que debí, de la manera más inverosímil y en un viaje que terminó por cambiar completamente mi vida, irme a Rusia.

Un largo viaje en barco que cada vez que pienso en él, lo rememoro, se me antoja más fantástico e imposible: veintiún días del Caribe al Mar Negro, una larga semana en tren luego, a lo más profundo del territorio soviético, una ciudad en su lejana retaguardia, ¡a dos mil kilómetros! de la ya muy lejana Moscú.

Mi asombro ante la coloración muy roja de las hojas la tarde que llegué a esa ciudad a finales del verano y donde viviría cinco inviernos (cinco duros inviernos) y donde, de manera insospechada para un hijo del trópico, aprendí a calcular con facilidad a cuántos grados bajo cero estábamos por la escarcha en la ventana. Quise irme el primer año, pensé muchas veces en hacerlo, y no me arrepiento de haberme quedado, terminado mis estudios y dejado entrar en mi vida la materia de todo un país del que el mío era un mero aliado político, un frío, nunca mejor dicho, aliado político. Un país que llegué a amar profundamente, cuya literatura llegué a conocer tan bien y a querer tanto como la de mi propio país.

Menciono esto, y debo explicárselo al taxista, porque viene a cuento: la vida improbable, el mundo absolutamente nuevo y exótico en que la Revolución cubana colocó a mi país, Cuba, y a mí con él.

Gústenos o no.

El más genuino fruto de la Revolución cubana. Lo improbable de un destino del que no sólo no reniego sino que considero una gran suerte: aquella remota ciudad, los duros inviernos, la más profunda y radical experiencia.

RETRATO DE GRUPO

De no haber dejado mi país, de haber escogido regresar, hubiera vivido todos esos años en Cuba, lo más seguro en La Habana. La ciudad donde todavía viven algunas de las muchachas que quise cuando tenía dieciséis años, aquella por frente de cuya casa pasé de largo sin atreverme a tocar el timbre porque quizá no saldría ella a la puerta sino su intimidante padre. Y que no he vuelto a ver jamás, sin el placer, por todos estos años viviendo afuera, de poder encontrármela un día cualquiera durante un paseo. Con muchos hijos ella y deteniéndonos a hablar de cuando nosotros mismos éramos jóvenes, de mi ridículo miedo a su padre, colocando, por un segundo, mi vista en la vida que pudo haber sido, que pude haber tenido.

Y cada vez que hoy pienso en mis amigos, en las personas de mi generación, entiendo que muy similar ha sido el destino de muchos de ellos. Los aprendices de escritores con quienes comencé a intercambiar mis primeros escritos, las hojas mecanografiadas (al comienzo de los ochenta), de un cuento. La imposibilidad física de juntarlos a todos en un mismo punto. Tan dispersos en tantos países. Juntos entonces en este libro, fundidos en uno los fondos cambiantes de las ciudades donde viven y adonde los he visitado, en las que hablamos hasta que se hace de día afuera. De nuestras vidas, de nuestras carreras, de este asunto de la Revolución cubana. Poniéndonos de puntillas para poder ver mejor, más adelante. Intentando penetrar la masa de los años, intentando entender hacia dónde va el futuro de la Revolución cubana y el de nuestras propias vidas.

Las fotos que cargo en mi computadora portátil y repaso en la pantalla. La memorabilia de toda una vida transcurrida en el campo de fuerza de tan grande y perturbador acontecimiento: la Revolución cubana.

Instantáneas de esos años, imágenes inconexas, que sólo encuentran un vínculo en mi propia memoria. Personas con las que fui a la escuela, amigos con los que me gradué de ingeniero en Rusia, compañeros de trabajo en aquel centro para computadoras en La Habana, mis colegas escritores. Todos en ciudades distantes como Viena y Barcelona, tan lejos de Cuba. Y no me detendré a explicarles qué excelentes personas son todos, nada de gusanos, la terrible palabra. Por el contrario, inteligentes, sensibles, buenos lectores tantos de ellos, bien pensantes.

Lo que me lleva a hablar del estrepitoso fracaso del doctor Fidel Castro.

ESTREPITOSO FRACASO DE FIDEL CASTRO

Juzgado Fidel Castro por algo más, sin embargo, por el alto costo de lo que quiere que veamos como su triunfo, reenfocados en la catástrofe visible de todo el país, juzgado por el calamitoso estado en que se encuentra sumida la isla, el desabasto crónico, la casi indigencia de sus ciudadanos, juzgado por la fractura tremenda ocasionada a la nación, por la muy extensa diáspora de la que yo mismo soy parte... Juzgado por todo eso, habría que hablar del más profundo y estrepitoso fracaso del doctor Fidel Castro y de la Revolución cubana.

Patente y clara la deriva del proyecto inicial: diversificar la economía, elevar el nivel de vida, convertir a Cuba en todas las cosas que ha pretendido ser sucesivamente sin conseguirlo jamás: una potencia médica (algo ridículo: ¿qué es una potencia médica?), una potencia agrícola, una potencia ganadera, y así un largo etcétera. Por lo que cabe preguntarse cuál era su plan inicial, qué calculaba alcanzar. Algo fácilmente rastreable en sus agotadores discursos de los años sesenta. ¿Calculaba que sabría sacar al país del subdesarrollo, o al menos de la crisis en que la anunciada confrontación con los Estados Unidos lo sumergiría inevitablemente? ¿Que para 1975 o 1980 el país estuviera bien y con una economía en plena marcha? ¿Que Cuba acabara instalada en el desarrollo?

Si contaba con ello, nada de eso ha ocurrido.

Se han sucedido años de la mayor penuria, de una carestía insoportable, del desabasto más crónico. El invariable telón de fondo de una población sumida en la necesidad extrema. Que por las causas que fueran y él quiera y siempre aduzca, comenzando, claro está, por el embargo norteamericano, la Revolución cubana ha sido un sonado fracaso.

No creo, francamente, cómo pueda verlo de otro modo.

Otra vez: imagino que diverjamos en las causas. Ceguera, ambición inhumana, bolchevismo paralizante y sí, torpeza de los Estados Unidos, todo esto desde mi punto de vista donde él, seguramente, ve conjuras, acechanzas, mala suerte y sí, torpezas de los Estados Unidos. O quizás el costo del enfrentamiento con los Estados Unidos, de la contienda de tantos años.

Pero si, enfrascados en una guerra tan larga, voy y le concedo fácilmente la razón en ese punto, hablaré entonces del corazón de piedra del general que prefiere inmolar a sus soldados antes que permitirles una rendición digna. El paladín que día tras día ve diezmarse sus huestes sin que el pulso le tiemble, dispuesto a sacrificar a su ejército hasta el último hombre. En bancarrota el país entero, los miles que se lanzan al agua, deshecha la vida material, diarios el fracaso y la derrota. Todo esto es tan visible que si no se es un maniático entonces se tiene un corazón de piedra.

Todo esto, repito, desde el punto de vista de su razón, concediéndole que la tiene, sin cuestionarle eso.

¿No debería licenciar honrosamente al pueblo que le ha servido? ¿Tener piedad de los niños y de las mujeres, agradecerles el esfuerzo? ¿O pelear hasta el fin por qué? ¿Por el embargo, por el último hombre?

Los americanos deberían levantar el embargo, concedamos este punto y la infinita torpeza de ello. Pero no lo han hecho. Y lo que es peor, no está en condiciones la Revolución cubana para presionarlos a hacerlo y, no menos importante, no hay dolor ni merma alguna para ellos, para los americanos. Les tiene sin cuidado: los cubanos, su suerte. A él, a Fidel Castro, a la Revolución cubana, supuestamente no. ¿No debería entonces, aunque le duela, aunque sea un fracaso dejarlos ir, renunciar a la sempiterna lucha, no obligarlos a irse al fondo con él?

LUMPENIZACIÓN

O si me viera en dificultades técnicas para definir académicamente el sistema (a mis ojos simple y llanamente estalinista), lo encuentro aquí por esta parte, por el resultado social obtenido: el actual pueblo cubano.

Una suerte de entusiasta y esforzado pueblo soviético.

Han llegado a convertirse en un ente semejante al que la isla de Cuba conoció a principios de los sesenta, cuando comenzaron a llegar los primeros especialistas rusos. Y descubrieron sorprendidos, no pudo no verlo todo el país, lo muy bastos y burdos que eran. Tan marcadamente, que para nombrarlos acuñaron una fea palabra, zahiriente y despectiva.

Los llamaron *bolos*.

Como si dijéramos toscos, bastos, sin redondear, pesados como bolos.

Y ahora, casi sesenta años después, ¿no son los cubanos sino otros bolos?

Palabra abominable que jamás imaginaron aplicable a ellos mismos.

La vulgaridad que permea todo el país, visible a cada paso, en toda ciudad. El modo en que el lumpen se ha extendido por todos los estratos sociales, como una reliquia, quizá, del momento en que fue utilizado como punta de lanza, como ariete para echar abajo a la burguesía. Y como abandonados ahora en medio de la vía pública, bien visibles. Habiendo cobrado un alto precio por su entusiasta e invaluable participación. Un protagonismo que no ha cesado y que ha terminado corrompiendo los sentires, los modales de todo el país.

Hasta el punto en que mucho de lo que se lee hoy día como cubano, como auténtico y original, no es sino zafio, rufianesco y vulgar. Es cubano, pero en su variante más barriobajera, lumpen. Presente en todos los niveles: desde el escritor-funcionario que viaja y conoce mundo, pero se viste y habla como un bellaco, hasta el último niño que a los cinco años ya se le enseña a bailar contorneando con denuedo las caderas. Porque es cubano, es nacional y es auténtico.

No estoy diciendo que sea un pueblo intrínsecamente vulgar. Tal vez no existan pueblos vulgares. Pero si se entiende la vida bajo el socialismo como un largo confinamiento, un extendido cautiverio, que la existencia de todo el país es una vida en calabozo, ¿cómo no va a dejar eso una profunda huella?

Y el ademán desmedido, el habla bozal que terminó por entronarse en un entorno sin emisor de buenos modales, despreciada y eliminada la clase media y alta, logro que se proclamó con orgullo. Expulsadas las personas de quienes aprender a expresarse de un modo que no remede cándida y caricaturescamente la neolengua, el *newspeak* oficial, el habla del partido. Me duele verlos en la televisión, desde un canciller a un artista, haciéndose entender a duras penas, lanzando, si la ocasión lo permite, improperios.

Y deberá Cuba lidiar con todo ello durante todavía muchos años, ya que es algo que ha definido su existencia de una manera más profunda que lo que cualquiera puede imaginar. Imaginar que es algo fácilmente superable es un engaño.

Sé que es muy duro esto que digo, pero alguien tiene que decirlo, por doloroso que sea que suene a nuestros oídos.

PARASITISMO

Bajo el socialismo, tan antiburgués y por lo tanto tan feudal también, las personas terminan soñando con las rentas, con el tiempo sin límites bajo un cielo de ocio, el más franco desprecio al trabajo, su total descrédito. Por mucho que se haga no da para vivir, una dirección en la que nada se debe invertir.

La deformación por la irresponsabilidad social de quien nada posee, de quien vive socializado como un bien más del Estado y se pierde sin el espinazo de la propiedad privada, capaz de vertebrarlo. Nada espera, no tiene adónde crecer, industria en la que aplicar su ingenio, y vive pendiente de la caridad pública.

Tan profundamente trampeado se sabe y en tan grande desventaja, que no calcula nunca salvar la brecha que lo separa de quienes ve como a ricos: un visitante extranjero, un amigo con mayor suerte, que vive fuera del país. Y pide por eso desembozadamente, los importuna con pedidos de cositas, regalitos que recibe siempre con la furia secreta y el mal talante del desposeído.

Pudiera decirles más, debería moverme hacia un terreno más cierto que la mera intuición, aportar pruebas de algo que así dicho puede parecer una acusación sin fundamento. Pero no quiero, quizá por lo mismo que he venido diciendo: me da pereza. ¿Para qué aportar ejemplos si quien sabe de qué hablo lo verá y lo entenderá bien, identificado sin dificultad en un hermano, en un tío, en cualquier sobreviviente?

Pero quien, por el contrario, imagine que todos esos años de cautiverio, de rancho a las doce y a las seis y media, no han dejado huella, insistirán en calificar mis palabras de acusaciones sin sentido.

Quizá se encuentre aquí el segmento más difícil de abordar en toda esta larga explicación de la Revolución cubana, el más incierto y movedizo. El que más confunde y el que más descorazona, el de la catástrofe humana. Pero lo sé, he visto cómo una y otra vez la buena voluntad, la elemental laboriosidad de los sanos y los deseos de ayudar se topan con el núcleo duro del parasitismo y la autocompasión. Que cuando se le dice: aquí está, tómalo. Escuchas en respuesta: ¿cómo puedes ser tan duro de corazón y no entender mi situación de adolorido y sufriente, que tan sólo pide una pequeña ayuda? Una prolongación, en esencia, de la manutención del Estado, una, ¿cómo decirlo de una manera que no duela?, limosna. Y cualquier llamado a trabajar, a incorporarse: una ofensa. ¡Si hoy, tras años de sufrimiento, por fin el tan merecido descanso!

Se me dirá fácilmente: ¡puros infundios! ¿Cómo puedes afirmar algo así? A lo que respondo: ¡si me duele tanto como a ustedes! ¡Si me gustaría estar equivocado! Sí, es terrible y es justamente de la manera en que lo siento, que es terrible.

¿CÓMO MANEJAR A UN PUEBLO ASÍ?

Otra vez: ¿con qué objetivo he dicho todo esto? ¿Con el mero y vano de tener la razón? Quisiera no tenerla. Lo digo con el propósito de hacer legible una dificultad que de otro modo tenderá a ser vista como circunstancial, atribuida a causas menos profundas que estas que apunto: de un país maleado a fondo por años de revolución. Como la víctima de una violación colectiva.

Se me dirá y se me refutará con mil ejemplos tomados de la realidad, de casos de éxito y espíritu emprendedor, de personas más que decentes dentro y fuera de Cuba. Y serán ciertas, yo mismo puedo aportar muchos ejemplos sin que, no obstante, anulen o dejen sin valor lo que vengo diciendo: un fenómeno muy extendido.

Todo el país.

En todos sus niveles.

Un estado de cosas que llevará años superar.

¿Cómo manejar a un pueblo así, lumpenizado que, además, y por otra parte, vive ensoberbecido, pagadísimo de sí mismo? Bien puede ser éste un pueblo incapaz de acción alguna e ingobernable sin el recurso envilecedor y aberrante de la propaganda patriotera.

O para decirlo de una vez: el pueblo cubano es un pueblo profundamente envilecido por el nacionalismo.

Es ésta una aseveración terrible, y permítaseme que la explique. Un asunto que poco se aborda, casi tabú: el de la complicidad del pueblo cubano con su torturador, el doctor Fidel Castro. Es un pueblo oprimido, qué duda cabe, que ha sufrido una de las dictaduras más largas que haya conocido país alguno de América Latina.

Pero el hombre ahorcajado en su cuello, el ogro en sus hombros, no es sino una encarnación de su propia soberbia y su fe, y su creencia en la singularidad y la excepcionalidad del pueblo cubano.

Un sentimiento y un estado de cosas que deberá tener en cuenta cualquier futuro gobernante de Cuba.

Un pueblo que no aceptará a político alguno que pretenda hablarle de las altas dosis de culpa, que le señale, imprudentemente, como yo aquí, su complicidad lamentable. Borrado con facilidad por un líder populista que diga o trasmita esto: que son muy víctimas, que se merecen la mayor comprensión y ayuda, siempre por encima de toda ayuda, porque son tan buenos y están llenos de tantas virtudes y tan naturalmente —sin que haya en ello ofensa para nadie—, que los hacen superiores a todos los demás países sobre la Tierra.

HISTORIA VIRTUAL

LOS RUSOS

La increíble sofisticación de los rusos. De la que ya habían dado prueba al lanzar aquel satélite al cosmos y la que demostraron pocos años después al penetrar la órbita cercana de los Estados Unidos, al alterar la dichosa mecánica gravitatoria que el joven Fidel Castro tanto ansiaba refutar.

Al frente de la misión un ruso apacible, un conocedor de la región que estableció un rápido contacto con la insubordinación antiestadounidense en fecha tan temprana como 1959 o 1960.

Nunca empujada, como se ha dicho, a los brazos de los rusos por los Estados Unidos, como una mujer sin culpa. Más bien interesada ella misma, la Revolución cubana, en entregarse al nuevo amante: la fijación de mi país, la isla de Cuba, por los hombres fornidos, rubios.

De manos de un amante, rápidamente a las manos de otro.

Y el alcahuete aquí, ese misterioso ruso apacible, Nikolái Leonov, que bien merece que se le escriba un libro, y que llevó a la joven las pruebas de la riqueza y el poderío, el azor de los cohetes nucleares en la mano enguantada, del lejano caballero, Rusia, que la pretendía.

Examinó la foto Cuba, corrió a su recámara, alborozada, a apretarla contra el pecho y accedió a ella secretamente.

Pero todavía, durante un año o año y medio fingió cariño ante el amante anterior, los Estados Unidos; le ocultó que ya le había entregado su corazón a otro hombre.

LOS ASÍ LLAMADOS *LOGROS* DE LA REVOLUCIÓN CUBANA

El modo como Rusia se involucró, nos tomó de la mano ante la vista asombrada de todo el mundo. El palpable bien que la joven Revolución le hizo al cansado Imperio Soviético, la infusión de sangre fresca. De qué manera se vio a Cuba y su Revolución, y a su gallardo líder, como una reencarnación del espíritu de la Revolución Mundial. La apoteósica bienvenida que se le brindó en Moscú y por todo el país, al punto que muchos años después las jóvenes que habían corrido a escucharlo a las plazas de aquellas ciudades de provincia, a la sazón profesoras mías, cincuentonas, lo recordaban suspirando: ¡Tan guapo! Con aquella nariz aguileña. Y añadían, divertidas, un lema de la guerra española: «No pasarán», que nada tenía que ver con el caso ni con el examen que estaba yo tratando de aprobar. Y les dejaba hablar para que se les ablandase el corazón y me subieran la nota. Milagrosamente puestas todas de acuerdo en ese punto: qué guapo y atractivo.

¿Habría sido otra la historia de la Revolución cubana con un hombre menos gallardo que el bello Fidel Castro?

Apuesto a que sí.

De este otro modo: dinero, ayuda y simpatía sin límites para el apuesto paladín.

Una bonita argucia, lo concedo. La exquisita maniobra con que se engatusó a los rusos y que pongo aquí, ante los ojos del lector para que también la admire.

Todo de lo que se vanagloria la Revolución cubana, sus así llamados *logros*, ¿hubieran sido posibles sin el dinero ruso, los rublos que de manera mágica comenzaron a entrar a espuertas? Admitamos, como lo admiten los de adentro y los de afuera, tanto los exégetas de la Revolución como sus críticos, que no. Pero también aquí —me argumentó una amiga y no pude no admitir que tenía razón en lo que decía— hay una muestra de la fina inteligencia (y la marrullería, añado yo) de Fidel Castro. ¿Quién, en toda la Tierra (la tirada nacionalista de infantil y patético orgullo nacionalista que colorea, simpáticamente, hasta la más álgida diatriba contra la Revolución cubana), ha hecho un negocio más redondo, un intercambio comercial tan lleno de gracia, llevado con igual suavidad: palabras vacías, juramentos de fidelidad, promesas encendidas a cambio de dinero contante y sonante: tractores, aviones, petróleo y, otra vez, dinero?

Nadie, obligado es reconocerlo.

EDUCACIÓN

¿En qué momento y cómo un futuro líder de Cuba declarará imposible un programa educativo de una cobertura igual y una diversificación semejante al que funcionó por años y de manera encomiable, que cubrió campos que nunca antes jamás se habían cubierto a ese nivel, como la educación deportiva, la educación musical, la educación artística, la simple educación primaria y educación secundaria, (aunque esté muy deteriorado desde hace ya muchos años), hasta el punto de que muchos se preguntan si no seremos nosotros, mi generación, la última generación educada?

Quiero decir: realmente educada. Según los más altos parámetros internacionales, lo que ha significado, para tantos emigrados (como yo) que denuestan de la Revolución cubana (como yo), una excelente inserción en el mercado laboral extranjero y la necesidad de una explicación complementaria, siempre, sobre este aspecto peculiar de por qué y cómo salimos tan bien preparados.

La cual pasa por el delicado malabarismo del presupuesto invertido, el esfuerzo de las muchas escuelas homogenizadas a escala nacional. Los millones que se invirtieron en nuestra educación, y tendido este argumento sobre el abismo infranqueable del dinero que jamás se les pagó a nuestros padres, el altísimo impuesto indirecto sobre un salario que escasamente dejaba para la vida más modesta, drenado a la fuerza para cubrir el gasto público que esa educación representaba.

Y acto seguido, en rápido aparte mental, el deplorable estado de aquellas escuelas, la comida siempre infame, la insoportable pátina de pobreza que lo cubría todo, la permisiva y precoz atmósfera sexual. En una palabra, bien visto y mirando hacia atrás, el salvajismo rampante en todas, casi sin excepción, sólo algunas pocas donde estudiaban los hijos de la élite. La célebre escuela Lenin a la que yo mismo fui, la Eton cubana. Un lugar que recuerdo, lo confieso, con cariño, en el que quedaba en sordina toda aquella precariedad, lo más sórdido de las otras escuelas, por lo mismo de su carácter elitista: los hijos de todos los ministros, los hijos de todos los doctores, los hijos del doctor Fidel Castro. Con los que compartí cuarto, uno de esos dormitorios grandes, para muchos niños, durante dos años. No creo que se acuerden de mí, excelentes muchachos.

La muy bien provista biblioteca, las dos piscinas olímpicas, las muchas instalaciones deportivas, los laboratorios de física importados, todo un combinado escolar en la escala gigantesca del sovietismo: cuatro mil quinientos alumnos, en un orden, sin embargo, notable. Pero la odiosa nivelación de toda la educación en Cuba, la estrepitosa vulgaridad. Al punto que siempre me dije, me lo he dicho muchas veces, primero a mí y luego en público: muy bien instruidos los cubanos, mis contemporáneos, pero pésimamente educados.

¿Qué hacer con todo eso, con las fáciles comparaciones que generará la casi segura ausencia de un programa educacional así, de tales magnitudes?

SALUD Y DEPORTE

¿O de un sistema de salud como el de la Revolución cubana, incosteable por su envergadura, su carácter megalomaniaco y novelero? Cuyos logros son también notables e innegables. No sé si detenerme en esto, en la salud pública. Nunca en los términos pesados, estadísticos, de la Revolución cubana, de tantos niños sanos por tantos niños nacidos. Las cifras de camas y hospitales, el número de médicos con que buscan apabullar, crear la impresión de que no había, simple y llanamente, hospitales en Cuba antes de 1959. Y no es así, puedo decirlo, porque mi padre, justamente, es médico. Y todos los hospitales en los que trabajó toda su vida, a los que lo acompañé de niño infinidad de veces y a los que llamaba siempre, muchos años antes de los teléfonos móviles, antes de entrar al cine para que supieran dónde localizarlo (debo estar localizable, nos decía siempre muy serio) y de donde, en efecto, de esos cines, debió salir varias veces, su nombre voceado en la oscuridad por la acomodadora. Todos esos hospitales, repito, construidos justamente antes del triunfo revolucionario y con los mejores adelantos de la época. También en eso homogenizado el país con el vecino del norte, no sólo en los coches del año, los viejos Chevrolet, que hoy todavía corren, para pasmo y diversión de tanto turista.

Sin que quiera disminuir el mérito del gasto que en efecto se hizo en medicina preventiva, campañas de vacunación, fluorización del agua, etcétera, etcétera. Una de las mejores salud públicas del continente en pocos años. Eso es real, pero ¿a qué precio?

O la formidable publicidad para la Revolución cubana de la lluvia dorada de medallas, el increíble desempeño deportivo de un pequeño país, con más deportistas de alto rendimiento que quizá cualquiera de su tamaño, campeones olímpicos, campeones mundiales... Y la inexistencia de una piscina pública en toda La Habana, la ausencia de gimnasios de barrios. Para vecinos que no piensen batir récords, humillar, también en ese campo, al enemigo.

¿Explicar pacientemente cómo son sistemas distorsionados, cómo —ya lo dije antes— fueron comprados o trocados en gran medida por las libertades políticas de nuestros padres? Que son malos por el gasto que representaron, por el agotamiento y la distorsión de las finanzas públicas, porque, simplemente, no podrían haber existido sin el dinero ruso. Pesarán, en cualquier caso; habrá quien los rumiará como yo ahora; intentarán sacarlos o lanzarlos al platillo de la balanza en el que sentado, con todo su peso, queda Fidel Castro.

RACISMO

Hay quien ha llegado a discurrir esto: la Revolución cubana era doblemente innecesaria, no sólo por el muy evidente daño hecho al país, el efecto traumático y que se revelara duradero, sino también porque muchos de sus supuestos logros —la muy alta incorporación de la mujer al campo laboral, la liquidación del analfabetismo (nunca fue tan alto el anterior, como se ha pretendido), la mitigación (no la eliminación, la mitigación) del racismo— se hubieran logrado de manera automática y por la misma razón que he tratado de enfatizar en este libro: por estar dentro de la órbita de los Estados Unidos. Argumento éste, concedo que exagerado, pero no exento de lógica.

Y habiendo sido Cuba un país menos racista que los Estados Unidos, desde siempre (la vida y destino de mi abuelo paterno, por ejemplo, un *self-made man* de quien les contaría en detalle de tener más tiempo), pues quizás el problema del racismo tendría más orgánica solución, ¿quién sabe? Cuba lo sigue siendo, racista, pero siempre en menor grado, o bien de una naturaleza bastante distinta que los Estados Unidos.

Lo mismo cabe decir del problema de la mujer, porque la mujer cubana de antes del 59 estaba entre las más satisfactoriamente incorporadas de todo el continente, y muy lejos del pretendido y aberrante cuadro de tantas cubanas entregadas prácticamente *in mase* a la prostitución. Cuadro, ya lo he dicho, falso y absurdo porque, muy al contrario, había secretarias, boticarias, maestras, más o menos como en cualquier lugar del mundo por aquellos años, como en los propios Estados Unidos, pongamos, y para recurrir al tipo de comparación tan socorrida por la Revolución cubana que todo lo compara y contrasta con los Estados Unidos: prostitutas per cápita y enfermeras per cápita.

Un tema, el de la diferencia entre las razas, que la Revolución cubana pretendió resolver a su manera al penetrar el armazón de la sociedad cubana con la furia de un vendaval para no dejar piedra sobre piedra. Desarticulando, quebrando todos sus vínculos, dejando todos sus elementos en una alineación única, apuntando hacia el potentísimo imán del Estado. Liquidada la sociedad civil o lo que terminaría por conocerse hoy día como tal: asociaciones de mujeres (a las que pertenecía mi mamá), religiosas (a las que pertenecía mi abuelo), de hombres de color (a las que pertenecían mi abuelo y mi padre.) Todo el conglomerado de asociaciones, agrupaciones, organizaciones privadas que dejaron de existir de la noche a la mañana y que tantos abandonaron sin lamentarlo, en la creencia de que aquella forma violenta y expedita de la Revolución cubana era la idónea para acabar con el problema del racismo, de la baja participación de la mujer o del escaso alfabetismo.

Habiendo entendido ahora, tantos años después, que vastas zonas de tejido sano fueron extirpadas en la operación y aquellos males cauterizaron a la brava.

¿No hubiéramos, dicen algunos —a quienes no les falta razón por una parte y cuyo argumento no puede sonar más descabellado e ingenuo por la otra—, resuelto todo este asunto por el simple expediente de encontrarnos dentro de los Estados Unidos, de donde no debimos salir nunca?

Resuelto nuestro racismo o bien mitigado, como ya he dicho antes, por la nueva inteligencia sobre este asunto que trajo el movimiento de los derechos civiles a los propios Estados Unidos. Y siendo Cuba, como ya también dije, menos racista que nuestro vecino del norte, o de un racismo de naturaleza distinta (el negro se encuentra en un lugar más cercano, menos castigado, en Cuba, más integrado), la solución más fácil o hasta quizás un mejor resultado que el obtenido por la Revolución cubana.

Aunque huelga decir que sí se ha avanzado, y mucho, en este campo en Cuba.

Sin que quiera decir esto que es Cuba un país sin racismo. No: un país lindamente racista, Cuba, y cándidamente racistas, los cubanos.

Porque, al fin y al cabo, tras todos estos años de combatir, tras la interminable saga, allí están las fotos del nuestro formidable Buró Político. ¿En qué son diferentes a los senadores de la República? Prácticamente en nada: igual composición racial, igual de género: en la misma zona clara y viril, grata al corazón de la burguesía insular.

Sin hombres de tez oscura, sin rostros de labios pintados.

CENSURA

Cabría hablar de este otro logro: la ausencia de censura. Tal como lo afirman siempre los muy joviales y probadamente francos funcionarios de la Revolución cubana, lo cual repiten felices de saberse, en este punto, diciendo una verdad.

Conscientes de que no pueden ser cogidos en falta, al menos no en esto: que en Cuba no hay censura.

Porque algo que no entiende Occidente es que en un Estado totalitario es eliminada eficazmente la necesidad de censura, reducidas virtualmente a cero las posibilidades de que se produzcan obras censurables. Que la censura, al contrario de lo que sucede en los países democráticos (o no democráticos, no importa, pero no totalitarios), donde es un acto *a posteriori*, se mueve aquí al comienzo de la cadena de producción: lo que de verdad se espera es que no haya nada que censurar. De modo que cualquier aparición de una obra censurable es vista como una falla del sistema que no impidió su aparición. Que es donde se ven forzados al feo espectáculo de prohibirla de una manera más tradicional, a la antigua.

Comienza entonces una divertida comedia de equívocos entre los defensores de la libertad de palabra y los funcionarios de la Revolución cubana, molestos de que se les presente como vulgares censores.

Que no lo son en grado alguno porque el esquema, si funciona bien, les evita, como ya he dicho, tal molestia. Y del mismo modo que la nacionalización forzada acaba con el productor individual, que pasa a ser visto como una reliquia del pasado, el escritor, el artista, el productor de una obra individual termina igualmente socializado, acarreado a esas agrupaciones jamás voluntarias que son la Unión de Escritores, la Unión de Periodistas, cualquiera de las uniones para artistas que deben ser entendidos como granjas para la producción intelectual en la misma lógica que los koljoces y sovjoces. Fuera de ellos, de estas instituciones, la existencia misma del artista, la mera creación y publicación de sus obras escritas, se vuelve precaria, prácticamente imposible.

REPRESIÓN POLICIAL

De igual modo, en Cuba no hay represión policial. No como se entiende en Occidente. Lo mismo que al censor literario, al policía se le mueve muy hacia delante de la cadena, es insertado en la estructura misma de la sociedad en la figura de diferentes tipos de funcionarios. Aparece en cada cuadra, en cada centro de trabajo, ubicuamente, embebida la policía en el diseño al punto que parece desaparecer o se hace invisible.

Cuando se encuentra en la calle a la policía ejerciendo funciones policiales, esposando a disidentes, dispersando las tímidas reuniones de los últimos años, es señal evidente de que algo anda mal. Cuando quienes deberían ejercer, cada cual en su puesto, funciones policiales comienzan a desertar, o bien decrece el entusiasmo delator, el gobierno debe entonces recurrir a la policía propiamente dicha y, ¡no lo quiera Dios!, a reprimir manifestaciones, lo cual debe ser visto como una catástrofe.

Y en el momento en que esta policía cubana buena, que nunca en quince o veinte años ha dado macanazos en público, comienza a repartirlos, saltan los defensores de los derechos humanos en Italia o en Suecia y denuncian la situación porque se está pegando en las calles de Cuba.

¡Pero si no importa!

¡Pero si debería ser visto como una liberación tremenda y así es sentida por el que recibe los palos, los primeros en veinte años y hasta por quien los da, anhelando, quizá secretamente, que la situación empeore a cada golpe propinado y termine de hacer crisis!

ÁFRICA

Por último, de no haber entrado el dinero ruso, no hubieran ocurrido las incontables aventuras militares cubanas en África. Porque nos supimos con músculo y salimos a buscar camorra por los barrios vecinos, a enseñarles a los demás cómo vivir. No habría mi padre, por ejemplo, pasado cuatro años en África, dos de ellos en Guinea Bissau (y murió su padre, mi abuelo Julián, y no pudo volar a su entierro) y dos en Benín (y murió su madre, mi abuela Carmelina, y no pudo volar a su entierro). No habríamos incurrido en el delirio de grandeza y del poderío militar de las *misiones internacionalistas*, como se les llamó hollywoodescamente. Tema del que hablaría más en extenso si no me disgustara tanto, que no sé si es un tema bueno para abordarlo así, de manera rápida, en un taxi.

Todo un capítulo, un logro poco popular en Cuba, una guerra en la lejana África, en las llanuras de Cabinda, una contienda que duró ¡quince! años.

¡El único país de América Latina (el tonto y nacionalista orgullo cubano hablando ahora por mi boca) con un cuerpo expedicionario a miles de kilómetros de casa!

Nada de escaramuzas guerrilleras, ni de incursiones de tres o cuatro pelotones. No: una guerra a gran escala: toda la aviación, toda la infantería, la preparación artillera de horas y días, columnas de tanques lanzadas a romper las líneas del enemigo, más de cincuenta mil efectivos desplegados.

A manera de comparación (me altero siempre en esta parte, me adelanto en el asiento y le hago este cálculo al taxista que, según yo, ilustra mejor que nada este asunto), imagina, le digo, a Rusia, el gran país, el Imperio Soviético, tan sólo cien mil efectivos en Afganistán de un país de trescientos millones de almas, de fuertes y fornidos hombres soviéticos.

Ahora bien, cincuenta mil efectivos desplegados por Cuba, una isla de escasos once millones.

Tropas aerotransportadas, unidades de cohetes.

Como la unidad a la que se me invitó a alistarme (cierto esto, y siendo esto absoluta verdad) la tarde en Cuba en que se me citó en el Comité Militar de mi zona. Y un oficial bonachón, un capitán, me echó el discurso sobre los problemas de nuestros hermanos africanos. Que yo, en mi calidad de ingeniero recién graduado, de oficial de la reserva (en esa hipóstasis) podía solucionarles, ayudarlos.

Y le dije no.

Rotundamente.

Me miró sorprendido. Me preguntó, capcioso: ¿pero no es hijo usted del doctor Prieto? Y quería decir: ¿cómo así con un padre de usted militar él mismo? ¿Sabe su padre, etcétera?

Pero no podía enviarme en contra de mi voluntad, habían hecho un punto de eso. Y no creí, francamente que fuera el momento, a mis veinticinco años, una esposa joven esperándome en casa, de ir a morir por la Revolución cubana.

A las lejanas sabanas de África.

MODOS DE SALIR

BALSEROS

Como dejé el país cómodamente en avión, como no debí escapar arriesgando mi vida ni intentar peligrosa maniobra alguna, he tenido noticias de la horrible tragedia de los balseros sólo por historias que he escuchado infinidad de veces de labios de quienes lograron llegar a los Estados Unidos. Relaciones verídicas de esas fugas, historias de naufragios que me han helado la sangre en las venas aunque sin alcanzar nunca a imaginarme el drama en toda su magnitud, el destino terrible de los que se lanzan al mar.

Algo, déjenme decirles, que jamás habría hecho, embarcarme en una balsa. Hay mucho jefe que camelar, congresos y conferencias que maquinar, viajes en comisión de servicio en los que desertar limpiamente, de guante blanco, por así decirlo. Todos mis amigos —porque este asunto es también de clase, ¿qué no lo es?— han volado así. Ninguno en la disyuntiva de abordar una balsa. Quizás alguno profundamente varado con niños, porque a los niños se les prohíbe viajar, o con un trabajo con acceso a información confidencial, esa figura legal, un obstáculo insalvable.

Y, entonces, el mar, la fuga en balsa como única salida.

Los he encontrado en ciudades de México y América. Ninguno con aire de marino avezado. Muchachos normales —en el sentido que se le dice muchacho a un amigo de cuarenta años—, sin mucho cabello ya, panzudos algunos, el excondiscípulo que dejas de ver por veinte años y te lo

encuentras un día, en una parada, con una horrible camisa a cuadros, totalmente, ¿cómo decirlo?, domesticado, apagado por la vida en familia, la peleona esposa en casa.

Y ese tipo de personas, de entre los conocidos, que no tenían un viaje a Viena o una conferencia en Tokio, en la experiencia espeluznante, como algo inevitable, del mar.

Te lo cuentan y no puedes creerlo, los detalles.

El amigo que me encontré en un viaje a La Habana y que me habló de ello como quien te habla de sus planes de remodelar la casa, añadir un cuarto al fondo, planes que abandonamos sin pena ni gloria porque sabemos que jamás los llevaremos adelante.

Una empresa accidentada la de construir una balsa si no se es carpintero.

La imposibilidad de comprar un bote hecho y listo para ser lanzado al agua en la sección de artículos para pesca de unos Grandes Almacenes, las veces que en Occidente me he parado frente a un bote de ésos, inflables, el potente motor fuera borda, y me he dicho: con uno así, sí, ¡ni lo pensaría! ¡Un paseo!

Pero no en Cuba, no en el pueblo (lo recordé en ese momento cuando lo escuché contarme aquello, que no era de La Habana, sino de un pequeño pueblo de provincias junto al mar) del que pretendió escapar en balsa. Se reía al contármelo sin que asomara en su cuento la tragedia de los miles de muertos, de las decenas de miles que han terminado yéndose al fondo en todos estos años. Él no, porque nunca, ni siquiera salió al mar. La comedia de equívocos, lo difícil que es poner de acuerdo a un grupo de amigos, todos hombres con familia. Escoger el lugar, la casa de uno ellos donde llevar adelante el proyecto: construir de la manera más inverosímil y como si fuera lo más natural del mundo, una balsa. Guardando el secreto, todas las precauciones del caso. Pero todos con niños corriendo y jugando por aquella casa, mujeres celosas que sospechan que no siempre iban a construir la balsa cuando salían o que no siempre estaban construyéndola cuando los veían llegar a la dos de la madrugada.

La pesadilla logística de conseguir clavos en medio del desabasto crónico de Cuba, las discusiones sobre cuán grande y cuán pequeña la quilla, habiendo avanzado hasta ese punto. Los muchos miedos, las veces que se creyeron descubiertos. Y para el final lo más increíble, aguántate, no me lo creerás. Que una vez hecha y calafateada la balsa, ante la cual los amigos se dieron la mano, celebraron con cerveza, comprobaron desesperados que la habían hecho más grande que cualquiera de las puertas de aquella casa.

No dejo de sonreír ahora, llegado a este punto, pero aquel día nos doblamos de la risa sin poder cobrar el aliento por un buen rato, enjugándonos las lágrimas que nos vinieron a los ojos de tanto reír.

Y aquel amigo, que nunca veía y que no he vuelto a ver, envuelto en aquella historia inverosímil.

Debieron desarmarla, cortarla en piezas, volverlas a armar en una cala en una sola noche, pero ya nunca llegó la persona a quien le habían encargado conseguir las provisiones para el viaje: no sé qué problema tuvo con su primo y una mujer. Y debieron posponerlo. Y nunca salieron. Sin una nota de resentimiento en la voz, hecho a la idea de que no saldría jamás de allí. Al menos no en balsa.

Las veces que tras un apresurado viaje en taxi y con tiempo sólo para dejar las maletas sin deshacer sobre la cama del hotel, he debido explicar más o menos todo lo que he dicho hasta aquí en el breve tiempo de una intervención pública, maniobrando entre los fluidos que siento correr por la sala.

Los fluidos de simpatía incondicional a la Revolución cubana.

Los fluidos de crítica incondicional a la Revolución cubana.

Y optando siempre por callar. O casi siempre. Aconsejado por la experiencia de cuán poco se entiende este asunto de la Revolución cubana. Cuán confuso y enrevesado es. Convencido de lo imposible que es lograr que el auditorio, en Berlín, en París, se haga un cuadro claro y manejable de cuestión tan endiabladamente compleja.

Hay en este asunto anexionistas, velados o menos, que abogan por que el conflicto se resuelva de la más expedita manera con la absorción de la bella y polémica isla de Cuba por los Estados Unidos.

Opción poco popular dentro de Cuba e inexistente en los mismos Estados Unidos, porque quienes la promueven no tienen en cuenta la opinión sobre este asunto por parte del gobierno de aquel país, que no lo quiere ni lo plantea así.

Están los que esgrimen la más furibunda retórica de presión y a quienes de nada sirve señalar que ningún fruto ha salido de eso. Son ellos quienes hablan de una rápida y eficaz intervención militar americana a la que sobrevendría un interinato prolongado de hasta diez años en los que, por segunda vez, contando la primera intervención y gobierno militar, del 1898 al 1902, los Estados Unidos intentarían enseñarnos cómo vivir como país, más o menos dependientes... de ellos mismos.

Están los que ven en sueños cómo se desploma la Revolución cubana, sin sucesión posible, a lo que seguiría la entrada triunfal de ellos en La Habana sin que nada haya o vean en ella rescatable, que prefieren una política de *tabula rasa*, comenzar desde cero.

Están los más simpáticos quizás y con quienes más me identifico, puesto en la disyuntiva o ante la necesidad de definirme, que entienden que la Revolución cubana ya se dio, que está allí y que no se irá a ninguna parte, que no se esfumará como un mal sueño.

Son ellos sus críticos más exitosos porque son parte de ella, resultado de ella misma.

Los que aun criticándola entienden que ésta ya se dio, que condenan sus métodos, su más que larga existencia y su monopolio del poder, pero que entienden que su herencia puede ser sabiamente administrada, cuánto de bueno y aprovechable puede haber en la catástrofe y en el país en ruinas que dejan.

Modos todos de salir del atolladero en que nos encontramos, ninguno de los cuales suscribo abiertamente, sobre lo que he evitado opinar las veces que he sido invitado, cosa esta nueva, reciente, a imaginar una Cuba postrevolucionaria.

Y todo lo que no he dicho en esas intervenciones públicas, lo que he evitado cuidadosamente mencionar en todos esos congresos, lo he vertido de una vez en este libro.

Dando estos consejos desde la comodidad de quien está en la orilla. Todo lo que podrán decirme, de lo que podrán acusarme. O de lo que yo mismo me acuso aquí...

—¡Hipócritamente! —saltó una amiga en México—, hipócritamente, ¿no deberías, si dices eso, regresar a tu país, luchar allá?

Lo que constituiría la lucha armada, el último modo de salir.

Me dejó sin habla aquella réplica, no supe qué decir durante un minuto o dos. En primer lugar, ¿cómo es eso de luchar? ¿A qué te refieres con eso? ¿Con las armas en la mano? Pero si estoy en contra de cualquier violencia, como he venido argumentado, si debe haber modos pacíficos de salir del atolladero en que la Revolución cubana, el doctor Fidel Castro, los muy torpes americanos y nosotros mismos nos hemos metido. Modos pacíficos, repito, no violentos.

Todo lo que veo como modos de salir *a)* desde afuera; *b)* desde adentro, y *c)* de afuera y de adentro.

En ese orden.

Trataré de explicarme.

EL EMBARGO COMO ENCARNACIÓN Y CONTINUACIÓN DEL TUTELAJE

Evitar el error, otra vez aquí, de analizar el embargo como algo físico, real: puertos bloqueados, mercancías más o menos inaccesibles. Computado su daño en millones de dólares o en miles de millones de dólares.

Un asunto subjetivo en realidad, que mejor y de modo más apropiado debe verse simple y llanamente como encarnación y continuación del tutelaje. Que es así como lo ve y lo percibe, a mi modo de entender muy correcta, la Revolución cubana. Una injerencia inaceptable, injustificable, un desprecio y un inmiscuirse que rechazaría cualquier país.

El cálculo errado de considerar que mediante el embargo se ejerce una presión, de modo que se vengan abajo los muros de la Revolución cubana, el caos imperante, que llegue la sublevación quizá. Sólo que lo único ocurrido, en realidad, es que ha ofrecido la justificación más expedita, constituida en sentina de todos los males, la causa de todos nuestros pesares, fácilmente a la mano. Una abstrusa figura legal, una suerte de daño autoinfligido, desde el punto de vista americano, y que en la práctica fue levantado a las pocas semanas de ser impuesto en el momento mismo en que comenzaron a llegar a Cuba los primeros barcos soviéticos.

Con mercancías de peor calidad, pero mercancías al fin y al cabo.

A montones.

Y ha servido de cortina, el embargo de los Estados Unidos, para encubrir otro embargo más terrible, el que mantiene el bolchevismo sobre toda la isla de Cuba, que entiende y ve la propiedad privada como dañina por sí misma. Interpuesto en cada casa, en cada esquina de Cuba entre el más pequeño productor privado y el más insignificante consumidor particular.

Un embargo, éste mayor y más tremendo que el de mentirijillas que han mantenido los Estados Unidos, tonto y contraproducente, míresele por donde se le mire.

E ineficaz también por esto: por haberle permitido a la Revolución cubana la exportación masiva y continuada, todos estos años, de su más importante rubro o mercancía, con la que más vitalmente estaba interesada en comerciar Cuba y que los Estados Unidos han comprado, podríamos decir, a precio de oro. Me refiero a los descontentos con la Revolución cubana.

Exportación que Cuba no ha dejado de colocar ventajosamente en el mercado americano y a cambio de algo invaluable: estabilidad interna, eliminación de los levantiscos.

De la burguesía cubana en un principio, y de quienes tienen mayor independencia mental, de los más dotados para hacerle frente, en exilios sucesivos.

Que de haberse quedado en Cuba otra habría debido ser la estrategia de la Revolución cubana para enfrentarse a ellos.

Represión, terror masivo y encarcelamiento.

En el sentido de que la Revolución cubana no ha tenido necesidad de una Siberia.

Que Miami y el cálido sur de la Florida han funcionado como la Siberia de Cuba.

Una Siberia amable, estarán de acuerdo. Porque de haberse quedado la burguesía en Cuba, de no haber huido a los Estados Unidos, orillados, forzados a irse, habrían terminado en dos campos, en los de batalla o en los de concentración.

Graciosamente dispensada la Revolución cubana por su archienemigo, los Estados Unidos, de la enojosa necesidad de encarcelarlos a todos o eliminarlos en masa.

En ese sentido, cero ha sido el resultado del embargo como promotor de disturbios, como método de presionar a los de dentro de Cuba.

Y luego, cuando la URSS cayó en 1991 y el país dejó de recibir la lejana savia soviética en la forma de tractores, aviones y barcos, muchos imaginaron llegada la hora en que el embargo por fin funcionaría. Pero logró mantenerse en pie Cuba como esos corazones viejos que resisten mejor un infarto por la vasta red de capilares que desarrollan con los años.

Se la vio tambalearse, a la Revolución cubana, trastabillar en efecto como un hombre infartado, atravesar con el alma en vilo la peor crisis económica de la historia del país, eufemísticamente bautizada *periodo especial*.

Pero no tuvo en ella el efecto catastrófico como ocurre con esos organismos jóvenes que caen fulminados y mueren.

Que había sido el cálculo muy correcto de los Estados Unidos al embargarla en el lejano 1960.

Pero treinta y tantos años después, cuando parecía llegada la hora del dichoso embargo, burlado por enésima vez, lentamente, con la paciencia y la astucia de un adulto, Cuba supo valerse del bastón de cierto liberalismo económico, dio pasos, se mantuvo en pie y sorteó aquel enorme escollo para pasmo y asombro universal.

Todos los que declararon muerta, a principio de los noventa, a la Revolución cubana, que no saldría de aquello, se equivocaban.

LOS ESTADOS UNIDOS BRAVUCONES

¿Por qué una relajación del embargo y no su levantamiento total e incondicional?

No creo, francamente, que esté Cuba contra el levantamiento del embargo como se ha dicho o repetido por quienes han constatado con asombro la reacción cubana ante cualquier deshielo de administraciones norteamericanas más tolerantes. La mano tendida de Carter, los gestos amistosos de Clinton. Y siempre, en el momento en que los estadounidenses más propensos al diálogo están en el poder, hace algo Cuba, ocurre algún incidente que no les deja otra salida que recrudecer el embargo, aumentar su alcance.

Creo, no obstante, que más bien se opone la Revolución cubana a un relajamiento, a una actitud que no reconoce culpa alguna, una suerte de arreglo extrajudicial que no reconoce cabal y claramente la inocencia del acusado. La Revolución cubana en este caso.

Lo que, visto así, da credibilidad a las denuncias de Cuba sobre planes de invasión y beligerancia estadounidense. Una leyenda, claro está, no en el sentido de que se dispongan a atacar, pero cierta en lo esencial: en que les gustaría hacerlo. De no representar tan alto costo.

Lo ven, los Estados Unidos, como la respuesta apropiada y más correcta a un país cuyo comportamiento, según ellos, ha sido impropio todos estos años, que los ha amenazado de hecho y de palabra, que no ha dejado de provocarlo nunca: Cuba.

También ellos, los Estados Unidos, están sumidos en la psicología del bravucón y la soberbia. Fácilmente conducidos a la situación mental de la riposta. Privilegiando, de entre todos los actores políticos cubanos, a quien más les grita, y tan sólo parecen estar dispuestos, como por razón de un encantamiento, a actuar en el drama que los presenta con la perilla hirsuta y el chaleco a franjas del bribón.

Del yanqui.

No ha actuado como un caballero que encuentra indigno liarse a golpes con un provocador que lo insulta. Su comportamiento ha sido justo el opuesto, se han movido como matones, los Estados Unidos, como alguien que tan sólo sabe agitar las armas con fiereza.

Es algo que Fidel Castro entendió desde el principio, que captó muy bien.

Y la historia del enfrentamiento de la Revolución cubana contra los Estados Unidos pasa por ahí. El insufrible tono de la Revolución cubana ¿dictado o provocado por la insolencia y la bravuconería americana?

Sí, muy probablemente.

Casi seguro.

¿Pero cómo, si lo querían muerto, si lo han querido muerto todos estos años, no han podido con él, con Fidel Castro? ¿No es una vergüenza? La mafia contratada, los caricaturescos intentos, la total chapucería. Macarrónicos atentados, ridículos intentos de envenenamiento... Donde un país más eficaz, no los Estados Unidos, cometería un asesinato limpio y elegante, acusando por ejemplo, a su querido hermano.

Maquiavélicamente.

Los dos eliminados de golpe.

Ahora bien, podría imaginar usted, László, que lo quiero muerto.

A Fidel Castro.

Y no es así.

Me lo he dicho muchas veces: que no le deseo la muerte. Sería un error, un apartarme y una traición a todo lo que he venido diciendo, permitir que me invada todo aquel odio. Porque no es algo que usualmente haga, desearle la muerte a alguien. ¿Por qué otorgarle, entonces, tanto poder sobre mí al punto de terminar deseándole la muerte?

No quiere decir con esto que me interesaría verle, hablarle. E invitado hipotéticamente a escuchar sus razones, estoy más que seguro de que no asistiría. Como tampoco me interesan las confesiones turbias y lastimeras de un asesino convicto.

Entiendo que se le deba asistir profesionalmente, por decirlo así, un médico, pongamos, o un capellán. Pero no yo en ese papel.

HIJOS DE LA REVOLUCIÓN

DISIDENTES

Querría la Revolución cubana que nunca hubiera un adulto en su territorio. Que jamás, llegado el momento en que se rompa el encantamiento de la infancia, en que sea puesta en duda la autoridad de un gobierno incompetente, dando por entendido que nosotros mismos somos adultos que no lo haríamos peor: dirigir el país, intentar sacarlo de la miseria, proyectarnos hacia al futuro.

O lo que es lo mismo: instalados en la herejía de las ideas propias. Maleados por los años, enojosamente pensantes.

¡Qué lindo en esta foto cuando todavía un niño luce en el entusiasmo de los primeros años! ¡Y qué feo y viejo hoy, con esas orejas crecidas, impresentable!

Todo esto, también, dicho al taxista. ¿Lo entendería? ¿Entendería de qué hablo?

Y si alguna vez Fidel Castro ha traicionado a la Revolución cubana fue en el momento en que sus hijos, de la Revolución cubana, alcanzaron la adultez.

Cuando por obra y gracia del tiempo transcurrido apareció, a fines de los ochenta, una corriente reformista desde adentro, una generación de jóvenes nacidos y crecidos dentro del campo de fuerza de la propia Revolución cubana, dispuestos a continuar su agenda independentista (¿o debería llamarla antiestadounidense?), pero desde un socialismo reformado, eliminando, por decirlo así, la variable totalitaria, estalinista, y conservando la parte de los logros y las conquistas.

Pero puesto Fidel Castro ante la incómoda alternativa de un recambio genuino, de personas a quien bajo ningún concepto podía acusar de pro Estados Unidos como había hecho expeditamente con la burguesía cubana o Miami, decidió traicionarnos.

Limpiamente.

Se recurrió a la vieja estrategia de sacarnos del juego, se organizó un exilio que por enésima vez terminó desangrando al país, privándolo de un grupo muy importante de escritores, músicos, profesionales que escogieron irse o a quienes se les hizo saber, expresamente, que su mejor opción era irse, que no se confiaba en ellos.

¡Y éramos, repito, personas libres de toda sospecha de albergar sentimientos antipatrióticos y por lo tanto, según la lógica perversa de la Revolución cubana, proestadounidenses, que en sus escritos, y siguiendo el espíritu de la época, el influjo vivificante de la Perestroika soviética, en boga por aquellos años, tan sólo abogaban por reformar el socialismo.

Caben dos lecturas de esto.

Una primera que invalida lo que he venido diciendo sobre la agenda independista de Fidel Castro, su carácter principalmente anti Estados Unidos, lo que permite, dije, hablar de su clamoroso triunfo político.

Porque ante evidencia tal queda o se decanta el poder como único móvil y explicación última de su existencia.

Enfoque que cubre, fuerza es decirlo, muchísimos aspectos de un proceder de otra manera inexplicable.

Que cuando una generación de jóvenes, la generación a la que pertenezco, pareció decirle: sí, ya, entendido, no seremos menos anti Estados Unidos nosotros, no menos comprometidos con la izquierda y su visión de justicia social, pero por un gobierno, un socialismo, ¡no un capitalismo!, un socialismo más participativo, se rio para sus barbas y organizó un sonado escarmiento público con paredón, fusilamiento, incluido.

Con el que dio a entender que nada de recambio, que sólo él y la dirigencia histórica, y se nos invitó a abandonar el país y se nos obligó a ello y se nos orilló a ello. ¿Porque sabía —que sería la segunda explicación— y había entendido que el socialismo real no se reforma, que cualquier intento de mejoramiento terminaría, rápida e inevitablemente, con su desmantelamiento?

Creo que sí, estoy seguro de que sí.

¿Quién mejor que él para saberlo, la persona que había metido al país en la horma del socialismo, que lo había puesto de rodillas con el recurso de la violencia revolucionaria? Porque mientras otros, yo mismo en esa época, en aquellos años todavía infantiles de finales de los ochenta, entendíamos ingenuamente que era una aceptación voluntaria, una elección, la del socialismo, él veía con absoluta claridad que todo aquello era impuesto a la brava. Que no superaría jamás la prueba de las urnas, no se sostendría ante un aireamiento o discusión pública de su práctica y métodos. Pasó así en Rusia con las cándidas reformas gorbachovianas a las que el doctor Fidel Castro se opuso fieramente desde un primer momento con absoluta clarividencia.

Y es que entre él y Mijaíl Gorbachov mediaban épocas históricas.

Gorbachov había heredado aquel poder, desconocía de qué manera era impuesto, se percibía a sí mismo como un gobernante bueno, alguien que jamás se había visto en la necesidad de mandar a matar, no había instaurado el socialismo a la fuerza y contra la voluntad, por ejemplo, de los seis millones de campesinos en Ucrania a quienes se les dejó morir de hambre para quebrar su resistencia a la colectivización forzada. En lo alto de la pirámide de un poder infinito, Gorbachov se comportaba como un heredero que no sabe con qué esfuerzo y sacrificio fue amasada esa fortuna que él, sintiéndose bueno, no un explotador, ansía dilapidar, repartir entre los pobres.

Fidel Castro se encontraba en situación bien distinta: él había traído aquel sistema a Cuba, conservaba fresco en su memoria el esfuerzo sobrehumano que había significado meter a todo el país en el redil del socialismo. Volvamos a conceder, como ya lo hicimos antes, que por razones del enfrentamiento y no por las meras razones quiméricas de mejor vida para todos. No abrigaba dudas de que puesto en la posición de escoger, el pueblo, todo el país, elegiría deshacerse de él, expeditamente.

En eso no se equivocaba Fidel Castro y, en cierto modo, lo excusa del cargo de que el poder es su único objetivo, su único afán, patológicamente.

Cree y está convencido (quizá con absoluta razón) de que para ese poder, para ese tipo de poder, él era el mejor maquinista.

Lo que no quiere decir que él o su poder sean deseables.

REFORMAS ECONÓMICAS PRIMERO

Ahora bien, ¿necesita Cuba una democracia? ¿Es la democracia el régimen adecuado para la isla de Cuba? Uso aquí la palabra *régimen* en su acepción médica: el régimen bueno para un paciente largamente enfermo. Creo, y aunque pueda sonar mal a todos los oídos que ven la democracia, que la ponderan como intrínsecamente buena, que bien puede no ser lo que la isla de Cuba necesite ahora mismo. Que impuesta a destiempo, inoculada a su organismo débil, su efecto podría ser contrario al esperado.

Que tratándose de una persona sería claro y evidente que necesita una terapia larga y restauradora para que tuviera tiempo de recuperar sus fuerzas, restablecer su dañada salud. Y que tratándose de Cuba necesita el país un periodo de transición, de saneamiento económico en primer grado, de discusión pública y calma política en la que termine de afianzarse la idea de la democracia y lo que constituye su núcleo o razón de ser, las instituciones: un tribunal constitucional, un instituto electoral, etcétera. Formadas, entrenadas y puestas a punto en años de un régimen más o menos fuerte.

Y otra vez: no deja de ser curioso que el país que durante años apostó por soluciones no democráticas para Cuba, que le dio su apoyo al golpe de Estado que en 1952 violentó y quebró el juego democrático en la isla, sea hoy el principal promotor de una violenta cura democrática, abogue por una aplicación fulminante que desconozca los tiempos de la convalecencia, la falta de un tejido de soporte, cierta carne en los huesos de la nación.

En una palabra, que al contrario de lo que sucedió en Rusia y más a la manera de lo que ocurrió en China, las reformas económicas precedan por un número de años a las reformas políticas.

Esto es tan importante, a mi modo de ver, que volveré a repetirlo para que lo que digo se fije con claridad en la mente del lector o, lo que es lo mismo, de los taxistas del mundo: que las reformas económicas precedan a las reformas políticas.

Éste es el momento más delgado de mi libro, por el que debo pasar de puntillas. Tanto se habla y tanto se ensalza a la democracia como un bien en sí, claro y patente, que cuesta trabajo decir lo que aquí digo, rechazarla, aunque en realidad me refiero a posponerla.

Sin embargo, democracia es lo que quiero para Cuba, pero pasados unos años de readaptación a la normalidad, de reacomodo. No lanzada de golpe a las aguas del muy sutil juego democrático, con sus interminables debates políticos, sus delicados mecanismos de pesos y contrapesos. Pero no será así, me temo.

Ya se verá cómo se cumple lo que auguro, cuánto mal y desequilibrio traerá.

No puedo ni quiero en este pequeño libro, escrito sobre las rodillas, en un coche en movimiento, extenderme sobre este asunto. Pero ya se verá.

TRIUNFO DE AMÉRICA

Habrá quien acuse estas reflexiones, habrá quien tome estas reflexiones como de izquierda. Quien halle cierta fraseología de izquierda, cierta condescendencia hacia su mirada de equidad, aceptación de la intervención estatal que la izquierda propugna, de la distribución de la riqueza, de la protección de los más pobres. Y habrá, por el contrario, quien encuentre en mis palabras, en toda esta exposición a los taxistas, claros indicios de derecha, fácilmente detectables en mi denuncia inequívoca del totalitarismo, mi profunda malquerencia hacia el socialismo, una ingenua o cándida confianza en el poder regulador del mercado y así un largo etcétera.

De uno y de otro lado.

Marcadamente de izquierdas por una parte y visiblemente de derechas, por la otra.

Que no lo es. Ni lo uno ni lo otro, sino una posición móvil que, ante ciertos fenómenos, dado a cierta crítica, se coloca mi argumentación a la izquierda y ante ciertos otros, cuando pretendo encontrar una salida sin los desmanes del socialismo, por ejemplo, busca colocarse a la derecha.

Lo que siempre me sucede cuando discuto abierta y flexiblemente cualquier punto o escollo de interés político, vital, que me atañe directamente.

En algunas circunstancias prefiero o es mejor sortearlo por la derecha, y en otras es más aconsejable abordarlo por la izquierda.

Evitando un único escoramiento.

Que siempre y sin cambio, a babor, o que siempre y sin cambio, a estribor.

A favor de la Revolución cubana y en contra de la Revolución cubana.

Absolutamente buena, por una parte, y absolutamente mala, por la otra.

Incapaz de odiar a los revolucionarios porque mi padre, por ejemplo, fue uno de ellos, un exrevolucionario, y culpándolos al mismo tiempo de violentos, de dañinos en su plácida estrechez de miras, adolescente y furibunda.

E incapaz de odiar a quienes se oponen, los muchos descontentos dentro y fuera de Cuba, el así llamado *exilio histórico* y el exilio más reciente. Yo mismo ahora, que tantos años he vivido fuera. La idea más clara que tengo, cada vez más, con cada día que pasa de la catástrofe, del desastre en que todo el país está sumido

No es un juicio esto, sin embargo, ni una visión totalmente clara del conflicto. Una visión confundida y nebulosa más bien.

Norteando.

¿Cómo aceptarlo todo y cómo, a su vez, negarlo? Habría, me dicen algunos, que acusarlos en toda la regla, denunciarlos. Y los entiendo. Habría, dicen otros, que aceptarlo y ensalzarlos hasta las nubes.

Y también los entiendo.

Ahora entiéndeme a mí, en medio de esa contienda que dura años.

Con todo ese dinero invertido en mi educación y con todo lo que sé que soy hoy y no sería sin ella.

Sin la Revolución.

Ese batiburrillo.

TRIUNFO DE AMÉRICA

Discípulos aventajados los cubanos, la generación del cincuenta, graduados *Cum laude* de esa suerte de curso de civilización americana que fue la vida durante la primera república, de 1902 a 1958. Que asimilaron sus enseñanzas, se convirtieron, supieron convertirse en lo que hoy siguen siendo y, para la secreta desesperación de sus muchos aliados, de las almas buenas que buscan ayudarlo en la desigual pelea con el vecino del Norte: en el pueblo más americanizado entre todos los países latinoamericanos.

En el que los modos americanos, la manera de pensar americana, lo americano a secas, es parte constituyente de su vida toda y prisma a través del cual miran y entienden el mundo.

En más grande medida, repito, que pueblo alguno al sur del Río Bravo.

Un pueblo que —cumplido el plazo de aprendizaje de todo el país en la escuela de la civilización norteamericana— comenzó a producir hombres de negocios norteamericanos, artistas norteamericanos y... políticos norteamericanos como el simpático doctor Fidel Castro.

Pero entonces, en esa misma generación, una parte creyó posible y entendió que deberíamos consolidar la independencia, acceder a una mayoría de edad más rotunda y conseguir, de paso, bienestar y desarrollo para todos. Mientras que la otra, la clase media, la clase alta, la así llamada burguesía nacional, que por un momento imaginó aquí un plan factible, respaldó la revuelta, soñó con todo aquello durante unos breves años para oponerse luego con vehemencia.

Y al verse obligados a emigrar por las causas ya expuestas a estas alturas de mi explicación a tantos taxistas en tantas ciudades del mundo, llegaron a los Estados Unidos no como un grupo de extranjeros expatriados, emigrados que debían comenzar de nuevo (aunque eso también), sino con la incalculable ventaja de ser *ya* una clase media norteamericana, y también una clase alta norteamericana que, incidentalmente, hablaba otra lengua pero a la que nada le costó adaptarse con velocidad pasmosa.

Celeridad que respondía al hecho sustancial de que en realidad *no* habían abandonado su país. Homogenizados sus genes por los mismos anuncios televisivos, los mismos autos del año y todos y cada uno de los puntos de la vida material cubana, la vida en Cuba, en su calidad de territorio de ultramar, una vida norteamericana.

Porque el así llamado *milagro económico de Miami*, el pasmoso despegue de aquella ciudad, el hecho de que se haya convertido un Miami soñoliento y turístico —un refugio para jubilados—, en la que muchos llaman la nueva capital de América Latina, lo logró la misma generación que hizo la Revolución cubana.

La generación del cincuenta.

¿Lo ha entendido alguien así?

CUBA QUIERE SER LOS ESTADOS UNIDOS

Una verdad que puede sorprender a los partidarios de la Revolución cubana, a quienes sin entender mucho las razones de la disputa, han tomado partido por el país menor, el abusado, cuando se trata en realidad de un conflicto de amor desesperado.

Cuba quiere ser los Estados Unidos.

En contraste con muchas miradas más críticas, condescendientes incluso ante la patente rusticidad de mucho de lo norteamericano, entienden los cubanos que una vida así sea deseable, se imaginan el futuro como una existencia independiente… pero norteamericana. La fealdad de los suburbios, las feas mesitas de *playwood* y los feos vasitos de plástico coloreados en el cuadro mental de su felicidad.

Que cualquier esquema que busque oponer la identidad cubana a la identidad norteamericana es esencialmente falso, porque desde su propio nacimiento, a comienzos del XIX, la identidad cubana está conformada, alimentada y coloreada por la identidad norteamericana.

Aquélla es parte consustancial de ésta, uno de sus elementos constituyentes, peculiar composición que se manifiesta en cualquier sector y periodo de la vida cubana que se analice tomado al azar, desde el mismo comienzo de nuestro así llamado *despertar nacional*. Desde el hecho, que muchos pudieran considerar insólito, de que nuestro primer presidente fuera un cubano-americano, un profesor de escuela, cuáquero, por más señas, que había vivido la friolera de quince años en Estados Unidos, hasta el no menos sorprendente hecho de que José Martí, nuestro poeta nacional y el así llamado *apóstol de nuestra independencia*, fuera un encendido amante de lo norteamericano y vehículo privilegiado hacia su patria, Cuba, de la, llamémosla así, *religión nacionalista* en su distintiva variante norteamericana.

O lo que es lo mismo, ha habido siempre mucho de razón y de verdad en lo del destino manifiesto. Mas no en el sentido siniestro de ocupación y yugo, sino en el de vecindad asumida.

Transferencia inevitable, imitación, admiración, irritación y odio.

Y amor.

Aunque no deje de asombrarme el increíble desconocimiento que tienen los Estados Unidos sobre su peso en los asuntos de Cuba. Actúan como si fueran un país normal, uno más en el concierto de las naciones y no el centro mismo de la existencia, podríamos afirmarlo, lo afirmo aquí, de la isla de Cuba.

Y todos estos años la Revolución cubana ha sido mayor o menor justo en relación a esto, a su relevancia dada por la ausencia de los Estados, constituida en una válvula reguladora del influjo norteamericano, que perdería todo sentido sin la fuerza con que los Estados Unidos se proyectan y caen sobre la isla.

Como un parasol, la Revolución cubana.

Que arroja mayor sombra, que es más necesaria a la hora de mayor sol en el cielo.

La importancia de la sombra regalada por la fijación con que el astro se vuelve hacia nosotros.

Quemando con su demasiado interés.

Los Estados Unidos.

Retirarse tan sólo, tan sólo darnos un respiro, olvidados entonces del parasol.

En el fresco de la tarde, ¿para qué lo querríamos?

No sospechan los norteamericanos cuánto se les quiere, se les imita, se vive pendiente de ellos. Desde el mismo Fidel Castro (quizás el que más) hasta el último niño de la isla (que sueña con vivir en Norteamérica). Un país, Cuba, atravesado de arriba abajo por la influencia estadounidense, casi más que ningún otro del mundo, podría decirse, y sin punto de referencia o contrapesos equiparables.

Cuba no ha dejado de sentirlo todo este tiempo: que es parte constitutiva de los Estados Unidos, y no elemento ajeno, intrusivo y deformador como ha sido presentado por la Revolución cubana.

Hasta el punto de que los Estados Unidos también están engañados en cuanto a nosotros, vista Cuba por ellos como un territorio extranjero.

Que sin duda lo es, pero en mucho menor grado que quizá cualquier otro país sobre la Tierra. Y de ahí lo equivocado del trato, vengativo y estruendoso, donde cabría ser cariñoso y comprensivo, el tono de quien reprende y amonesta *a su propia sangre*.

CÓMO JUNTAR AMBAS PARTES

O es un error pensar que la Revolución cubana se hizo para elevar el nivel de vida de la población y todas esas razones aducidas, falsariamente, por sus dirigentes. Se hizo, en primer y preponderante lugar, para probarle a los Estados Unidos que Cuba no era menos que ellos, que estaba a su misma altura, esa obsesión.

En el pulso imposible de demostrar lo indemostrable: que no hay americanos de segunda.

No creo que sea algo que un extranjero como Guevara entendiera jamás, alguien que odiaba a los americanos, no los amaba secreta y vergonzantemente como los cubanos.

Ahora bien, ¿cómo juntar las dos partes de lo mismo: el éxito económico de Miami y el proyecto nacional de la Revolución cubana? ¿Cómo lograr que se fusionen en un todo, recuperar la unidad, superar su actual existencia bivalva? Eso es lo importante, porque así como está, en el estado actual, no logran funcionar completamente ninguna de las dos partes.

Soliviantados por su éxito y confundidos en profundidad por el mismo. ¿Qué demuestra ese logro de Miami? Nada. Y, según lo veo, tampoco responde a esta importante interrogante: ¿sabrían trasladarlo a su país, Cuba, tras ese largo, prolongado, más que cualquier plazo imaginable, postdoctorado en el seno de lo estadounidense? Nada de lo que he visto en Miami me hace pensar que tienen tan siquiera idea de cómo hacerlo.

¡Si no han logrado organizarse en un partido creíble! ¡Si sus políticos no conocen (pueden hacer la prueba hoy mismo) a los más importantes creadores cubanos, a los más importantes escritores cubanos, a sus más importantes pensadores! ¡Si toda la diáspora cubana quedó, en realidad, dejada de la mano, sin fundaciones de importancia, sin mecenazgo de peso, sin ideas!

Las pocas veces que he visitado Miami he asistido, en mi calidad de escritor, a ciertos actos culturales que estarían bien en un pequeño pueblo de provincia, pero que no encajan de modo alguno en la ciudad grande que es, en la comunidad boyante que es y de lo que se vanagloria con razón. Falta de profundidad, de proyección, que produce vergüenza ajena. Y uno se pregunta: ¿y estas personas, esta comunidad que en esencia ha continuado la existencia un tanto infantil, tutelada, pretende llevar adelante un proyecto nacional, gobernar un país, colocarse y remplazar a los odiosos y muy vulgares y muy bastos funcionarios de la Revolución cubana?

El sino, me dirán algunos, de todo exilio: Miami no es un país.

Y tienen razón.

Pero no cambia en esencia lo que digo.

Ahora, sobre la Revolución cubana y sus impresentables funcionarios ya he hablado bastante. Los he calificado de todas las maneras posibles, comenzando por lo que más salta a la vista literalmente, por lo mal educados y peor vestidos. Incorregibles en su violencia verbal, y así un largo etcétera.

Sólo que tienen al menos la idea, no el triunfo ciertamente, pero la idea, la ambición de un proyecto nacional, la imaginan con todo el empaque y la seriedad de una nación adulta.

Todo lo que de algún modo faltaba, mírese como se mire, en la Cuba de antes de 1959.

No hablo aquí de las tan traídas y llevadas prostitutas, ni de la corrupción que hoy, claro está, es mucho menor que nunca en Cuba, de otro calibre, digamos, aunque es cierto, concedo este punto, que quizá sea más extendida, más amorfa, omnipresente. Hablo de instituciones fuertes, de un Estado soberano, de un gobierno rector y autónomo, con una voz propia en el concierto de las naciones, de la atención a los pilares de lo nacional, de la atención, que luego resultó sofocante, a la literatura, a la creación, a la apertura de editoriales donde antes había impresores *amateurs* (y la paradoja, sin embargo, de que los mejores libros y los mejores autores sean de antes del 59).

Juntar ambas partes de la misma ecuación, esa operación imposible.

SUB SPECIE AETERNITATIS

DULCE REVANCHA

El chofer del taxi o *limousine* que fue por mí al Charles de Gaulle una lluviosa mañana de hace cinco años y a quien me sorprendió ver allí, junto a su flamante coche. Había salido yo de la aduana, calculaba si tomar un taxi o viajar en metro, pero ahí ya estaba aquel hombre esperándome con mi nombre escrito a mano. Enviado a recogerme por mi editor francés. Un cuarentón vestido como todo un dandi, su traje perfectamente cortado, que me hizo tener un pensamiento maravillado de Francia, con choferes o taxistas así.

Pudo haber preguntado a quién iba a recoger y, al saber que a un *écrivain cubain* debe haberse dicho que podía yo refrescarle las noticias sobre Cuba, todo lo referente al enfrentamiento desigual con los Estados Unidos. Y en cuanto un atasco nos detuvo en aquella carretera de acceso a París, se volteó hacia mí y me preguntó interesado: ¿Cubano? ¿De Cuba? Y miré por un segundo, dos, las vallas junto a la carretera, un anuncio de Canal+, un interesante programa sobre el África subsahariana, ese tipo de cosas. Resignado. Sabiendo que fingiría entusiasmo por la Revolución cubana. Si eso era lo que esperaba de mí. No dispuesto a enfrascarme en discusión alguna, tras muchas horas de vuelo trasatlántico, agotado.

Pero más refinado e inteligente era aquel hombre. Rebuscó entre sus discos, sacó uno que sopló para quitarle el polvo (un gesto por otra parte innecesario con los CD pero profundamente arraigado en tantas personas que crecieron con vinilos, yo mismo) y me observó por el retrovisor por si yo reconocía, o para ver cuándo reconocería, los primeros acordes de una canción que aquel año estaba siendo oída en todo el mundo. Que yo había escuchado hacía un par de días en un Starbucks de Nueva York, en la casa de unos amigos en Ciudad de México, en una playa de Barcelona, no hacía ni dos meses.

Las lágrimas me vinieron a los ojos, entendí qué quería decirme aquel hombre. Su más delicado mensaje. Que era algo más que Cuba, que la Revolución cubana, algo más grande y entrañable. Retirándose la Revolución cubana de su protagonismo quemante, dejando sitio a otros quereres. De regreso, poco a poco, compás a compás, el talante risueño y más amable de la isla de Cuba.

Aunque una música, debo confesarlo, que jamás escuchaba en mi niñez, que asociaba con los tíos de mi mamá, tan ancianos todos, su aire vetusto. Les tenía hasta miedo, eso. Y de visita en sus vetustos apartamentos evitaba, aprensivo, tocar nada, ni los mantelitos bordados, ni las vitrinas con la cubertería de poco uso, ni las estampas iluminadas en los marcos de caoba. Guardaba siempre el caramelo que me daban y que sacaban de un tarro de cristal, hurgando con el dedo, largamente, escapándosele siempre, sin ganas de llevármelo a la boca.

Y luego, cuando entré a estudiar música, un tío de ésos, un músico, me regaló una flauta que nunca aprendí a tocar porque mientras esperaba al profesor del instrumento, a que la escuela contratara uno, me aprendí las lecciones de mi hermana y comencé el piano.

Dulce revancha con música, pensé. De la isla de Cuba. Y en contra de la Revolución cubana.

Como si hubieran aguardado aquellos músicos la actuación del primer grupo de la noche, más jóvenes, la furibunda y exaltada Revolución cubana. Y que una vez actuado ellos, gritado hasta desgañitarse, entrando los músicos viejos, retornando a ese comienzo con mayor dulzura, al primer compás. Amalgamado en esa música lo que constituye quizás el mayor triunfo de la isla de Cuba: no la Revolución justiciera, no el primer territorio libre de América, un fin perseguido con dureza y voluntaristamente, sin fe. Esto en su lugar: la manera única que tiene de hacer música. De entender, con particular suavidad o musicalidad el mundo, la vida.

Y respiré aliviado cuando la escuché en aquel taxi: la vuelta completa de Cuba a ese momento anterior que nada le debe al doctor Fidel Castro ni a la Revolución cubana. ¿No es una maravilla?

Porque parecía que pasaríamos a la historia como el país duro, militante que no somos.

¿A qué amigo de Cuba no le ha extrañado esa dicotomía?

La manera como la Revolución cubana casi logra cambiar la percepción que se tiene de nosotros pareció haber moldeado para siempre lo que pensaba el mundo sobre Cuba, desplazado su natural espíritu danzante. Pero ahora esos músicos, regresándonos al cauce, nos traen de vuelta allí.

¿QUÉ HACER CON LA REVOLUCIÓN CUBANA?

Dicho o contado esto como desde el futuro, el recuento desapasionado de quien estudia a sus antepasados.

¿Qué hacer con la Revolución cubana? ¿Dónde colocar a la Revolución cubana?

¿Actuar como si no hubiera existido?

Interrogantes que nos regresan a la pregunta ya antes traída a colación: ¿había alcanzado Cuba una independencia? —a lo que me inclino—. ¿O bien seguía siendo, como lo pinta la doctrina, una suerte de protectorado precariamente administrado por políticos con más interés en medrar, en explotar a su favor la bella isla de Cuba?

Cualquiera que sea la respuesta, lo importante para nosotros es que la Revolución cubana ya se dio, gústenos o no; la isla de Cuba es un país muy distinto del que fuera antes del 59.

¿Plenamente independiente?

Sí. De hecho, más independiente de lo que la prudencia aconseja. Si tal cosa es posible, demasiada independencia.

Cualquiera construcción futura deberá partir de eso. Desconocerlo y calificar a la Revolución cubana como indeseable sería un error, en la misma tesitura mental revolucionaria de la *tabula rasa*. Y no: incorporarla, pensada, sin culpabilizar. Porque es un mal y una riqueza y una singularidad.

Administradores serenos de su herencia. Sus activos manejados de manera pragmática sin la carga sentimental de todas esas fotos en blanco y negro. Llevada a un lugar de análisis cercano (la necesidad de rebajar el tono de la Revolución cubana). No una gesta, no una epopeya. Tan sólo un momento detenido ante los gestos infantiles de aquellos adultos en las fotos. Comprensivamente. Liberar espacio, deshacernos de todo lo viejo y grandilocuente. Y dejar un buen mueble, todavía fuerte y seguro, en la sala, junto al piano, como un detalle de época.

Esa actitud.

No instituir un tribunal en el asiento trasero de este taxi, no es ésa mi intención. Ni tampoco el tribunal de la historia. Lo he entendido hoy particularmente, con Omán, el taxista camerunés, no juzgar desde la altura y con la espada flamígera de un tribunal.

Más bien todo observado *sub specie aeternitatis*.

Desde el punto de vista de la eternidad.

¿ES ÉSTE UN ESCRITO POLÍTICO?

¿Es éste un escrito político?, me he preguntado. ¿Dejaron alguno de mis escritores preferidos, Jorge Luis Borges, Vladimir Nabokov, Marcel Proust, escritos políticos? No, he debido decirme. Algo malo quizá haya en los escritos políticos. Algo detestable y sucio. Y luego, una mañana, he entendido que éste no es un escrito político.

Que lo sería si Cuba fuera un país simplemente con problemas, una situación describible como una tiranía. Palabra que he evitado usar aquí porque, lo he sentido desde siempre, no se corresponde con lo que quiero decir.

En el sentido de que aquí me refiero a algo más grave, a una tragedia mayor, la más profunda experiencia metapolítica, o fuera de la política, del siglo XX: el totalitarismo, la supresión, en esencia, de toda política. Lo que hace que este libro no sea un escrito político.

Es algo más.

Se trata en esencia de una petición, de un pedido hecho desde afuera de la política para que ésta sea reintroducida en Cuba. Abogar aquí por su retorno. Una vuelta a la normalidad y a la suciedad si se quiere, si les parece bien esta palabra, de la política.

De modo que todo este asunto quede otra vez en manos de los políticos.

Y aparezcan escritores que busquen escribir escritos políticos.

No yo, no es lo que me interesa.

Tan sólo esto. Visto y entendido más como un deber cívico.

Acumuladas aquí todas las veces que no me he levantado un domingo para asistir de mañana a unas votaciones. En *jeans* y con mi hijo de la mano. A la casilla. Como cuando uno se dice: algo hay que hacer. No podemos seguir así. Lo mínimo que me exige el país.

Mi voto.

Así de simple y así de sencillo. No un manifiesto.

TRIUNFO DE LA REVOLUCIÓN CUBANA

La disputa es vieja y grande el cansancio acumulado. A la espera del momento en que de manera cómoda —y sin la mediación de los torpes asesinos, que jamás llegaron— la muerte ponga punto final a este asunto, aparte al personaje incómodo, Fidel Castro.

Todo el mal, concentrado y enfrascado en él.

Ignorada la aberración histórica original de la que secretamente se alimenta. Ignorada y minimizada la persistencia de su postulado, hacia donde apunta: que los Estados Unidos consideran o ven a Cuba como un país menor de edad al que se le puede dictar sin recato y que, sin que nada malo vean en ello, cómo comportarse, con quién negociar, qué régimen político adoptar y, lo que es más importante, cuál debe ser, desde su punto de vista, su comportamiento hacia los propios Estados Unidos: de total anuencia y solícita atención a sus dictados.

Una alineación total, hemisférica.

Lo que me permite llegado a este punto afirmar esto: que con todo y su política retrógrada, su demagogia infinita y su populismo, el recurso al sometimiento durísimo de toda la población, Fidel Castro representa, sin duda, un paso de avance. Con relación a la Cuba anterior a 1959 o a cualquier otro proyecto de nación que no identifique el conflicto entre Cuba y los Estados Unidos como el eje principal de la vida y el crecimiento y la mayoría de edad de la nación cubana.

NO PRETENDER QUE SE DESDIGAN

No veo cómo cualquier gobierno post que busque desdecirse de la Revolución cubana o que intente desconocerla, sus logros y sus descalabros por igual, sea capaz de construir algo, de ofrecer un proyecto de país más o menos viable. Renegar de ella, desconocer su valor, no entender en qué posición de desventaja los colocaría una negación declarada o tácita de la Revolución cubana, sería un error gravísimo que no tardarían en lamentar, que les tomaría años, decenios, reparar.

Que es quizá lo que pretenden muchos en los Estados Unidos dentro de su gobierno, en el exilio cubano, en Miami: un acto de contrición pública, que una Cuba post Castro reniegue de la Revolución cubana.

Buscan, en una palabra, una regresión de todo el país al estado de minoría de edad que la Revolución cubana buscó y logró eliminar, terminar, aunque al altísimo precio que aquí se ha diseccionado.

No veo señales, escudriñando la prensa, leyendo los informes que se elaboran para una reconstrucción postrevolucionaria, de que esto se haya entendido, ni por parte de los más importantes actores del exilio ni por muchos de la recién aparecida disidencia interna.

Sólo los denigrados y muy aborrecidos sucesores de Fidel Castro parecen haberlo comprendido. Declaran públicamente y en todos los foros posibles que es algo que nunca harán: traicionar los principios y los valores y las conquistas de la Revolución cubana.

Sólo que cuando así dicen agregan que no hallan nada de qué arrepentirse, hablan desde la posición de quien está sin pecado. No condenan la violencia revolucionaria, los desmanes de la Revolución cubana, su altísimo costo humano, como si nada hubiera en ello que lamentar.

Y lo que es todavía peor: mienten astutamente cuando afirman que defenderán las conquistas de la Revolución cubana y en realidad tienen en mente lo peor y lo menos defendible de ella. Sin entender a ciencia cierta dónde, en efecto, queda la mayor conquista de la Revolución cubana, en qué sector no deberán jamás retroceder.

Que es justamente en eso que digo, que vengo diciendo.

En la conservación de esa soberanía ganada a sangre y fuego.

¿HACÍA FALTA LA REVOLUCIÓN CUBANA?

Todo lo que durante años llegué a pensar y a elaborar sobre este asunto de la Revolución cubana para el momento en que llegué a México en el invierno de 1994 venía de vivir la Perestroika, el infructuoso intento de reformar el socialismo, los muchos años que pasé en Rusia. Desde el comienzo mismo de aquella otra revolución en que seguí con el alma en vilo las sesiones televisadas del no sé cuántos Congreso del PCUS y las seguía escuchando luego si debía salir a la calle, a alguna diligencia, retrasmitidas por el audio del autobús. Alegrándome de la más pequeña victoria de las cooperativas, los flamantes *jeans* que me compré en una de ellas. Constatando, frustrado, que no parecía aquello avanzar hacia parte alguna, el país, Rusia, sumiéndose en la más profunda crisis. Lo que me lamenté cuando explotó la primera pirámide financiera por no haber entrado a tiempo a ella, a la pirámide, y salido más a tiempo aún. Aunque salvé por eso mismo mi último dinero, los escasos ahorros que gasté en escribir mi primera novela, *Enciclopedia de una vida en Rusia*.

Habiendo entendido que lo que aquella formación social —primero la Unión Soviética y luego la propia Cuba, en la que había vivido toda mi infancia y juventud— pretendía reformar e incluso mejorar, era irreformable y por lo mismo inmejorable.

Y me dije: sin mí.

Dejando por segunda vez en menos de diez años un país, Rusia en este caso, mi patria de adopción.

En el otoño de 1994 volé de Moscú a México. Recuerdo la sorpresa que me causó el mar de publicidad en español mientras esperaba un taxi frente al aeropuerto. Las vallas que anunciaban tantas cosas a lo largo de la carretera que me llevó al centro.

El departamento que debí rentar por casi la mitad de mi sueldo. De modo que viví de quincena en quincena pidiendo prestado invariablemente los fines de mes sumas tan pequeñas que hoy, cuando me acuerdo, sonrío y pienso también en mis amigos, tan pobres como yo, que me las prestaban con la mayor seriedad del mundo y respiraban aliviados cuando se las devolvía. Sólo uno me condonó generoso aquella deuda, al final del primer año, me dijo: quédatelo como un regalo de Navidad. Y en medio de una de las tremendas crisis periódicas mexicanas, viniendo de un país en ruinas, Rusia, y habiendo nacido antes en un país en ruinas, Cuba, nos dijimos mi esposa y yo que habíamos conocido crisis peores y que nos quedábamos de todos modos. ¿Adónde más irnos ahora?

Y allí vivimos en México por muchos años, evitando, es la verdad, tomar taxis. Pero ésa es otra historia.

¿HACÍA FALTA LA REVOLUCIÓN CUBANA?

No me canso de hacer esta pregunta y en todas las ciudades a las que llego de noche y en las que tantas veces la mañana me sorprende hablando con viejos amigos, discutiendo con ellos, volviendo una y otra vez a la misma pregunta.

¿Hacía falta la Revolución cubana?

Y según la respuesta que recibo de un amigo, de un pintor, de un escritor, de un doctor, de mi propio hermano, de mi padre, entiendo cuán lejos ha avanzado la persona en la comprensión de todo este asunto tan complejo y espinoso de la Revolución cubana que he intentado explicar en tantos taxis.

Porque por mucho que desconcierte a quienes, tras haber leído hasta aquí y vean en mí a un moderado, una persona dispuesta a escuchar el punto de vista del contrario, todas esas cosas loables que sin duda soy o que me precio de ser, a pesar de todo eso, me he respondido que no.

No hacía falta.

Habida cuenta el altísimo costo, la fractura profunda, la prolongada deriva, el trauma infinito en que quedó sumido todo el país y que habremos de buscar superar durante largos y largos años.

Un saldo negativo. Que no hay país sobre la tierra que necesite una revolución y menos una como la cubana, la violenta, vanidosa y maximalista Revolución cubana. Por muy graves que sean los males que la aquejan, por muy profundo que aparente ser el abismo en que se encuentran y por muy lentas y parciales que parezcan las soluciones que se intentan.

Hay maneras, o deberá un país buscarlas, jamás deberá prestar oído a soluciones que se presenten frente a ellos, irisándose, como expeditas y fáciles.

Una vía llena de dolor, en realidad. Por mucho que sea lo que se avance por ella más o menos rápidamente y al principio, pero tan grande el desvío, tan lejos de sí mismo, tan voluntariamente impuesta, que nunca llega a buen puerto, jamás.

LA REVOLUCIÓN CUBANA GANÓ

Dicho todo esto, no me queda sino reconocer que la Revolución cubana ganó.

Ni una gota de ironía en lo que digo: son ellos los ganadores. Serán ellos a quienes les toque llevar adelante el país en los próximos años, en vida de Fidel Castro o muerto Fidel Castro.

No veo, francamente, cómo pueda ser de otra forma.

No los disidentes, que hoy son más opción cívica que política.

No representante alguno del exilio, cuyas posibilidades son aun menores, comprometidos como están ¿políticamente? ¿En el ojo de la opinión pública?, por tan larga permanencia en América.

Tan sólo ellos, los herederos de la violenta y muy pagada de sí Revolución cubana.

Es decir, quien está a salvo de la idea de la gloria y la significancia de la Revolución cubana, quien no la ve como algo que debió ocurrir objetivamente, a salvo por lo mismo de la idea de que es necesaria otra revolución, un nuevo cambio brusco o cataclismo que intente reparar los daños de aquel otro cambio violento y cataclísmico.

Salvarse de ello, abominar de ello con fuerza, aunque no revolucionariamente.

Desdecirnos de su herencia violenta, no actuar como si nada hubiera pasado. Un arrepentimiento claro y público, una condena inequívoca de los desmanes de la Revolución cubana de la mano de un rescate de lo mejor de ella, sus generosos planes sociales, los educativos, todo lo que he mencionado aquí para el seguro disgusto de tantos.

Pero una condena de todo lo negativo, de todo el mal infringido al país. La contrición indispensable para la refundación del país, de Cuba.

En caso contrario, perdido todo el impulso, sumido el país en el más franco cinismo, en lo amorfo de quien no reconoce culpa alguna y estima y calcula que puede seguir viviendo, mintiendo. Como si nada hubiera pasado.

No hablo aquí de un ajuste de cuentas, no de juicios sumarios, no de una segunda Revolución cubana para subsanar y eliminar los males, la violencia y el daño de la primera Revolución cubana.

Pero sí de la repulsa clara e inequívoca a su carácter profundamente antidemocrático, más una estructura de mando militar que un gobierno; el reconocimiento de los demás actores del espectro político, el hacer espacio, dejar entrar, el recogimiento voluntario.

De la Revolución cubana.

No calcular que podrán seguir monopolizando el poder sin riesgo y sin costo enorme para el país. Identificada la especificidad de la Revolución cubana, ¿el fidelismo? Como una vertiente más entre la paleta política del país. Instituirse, en una palabra, en partido político, en un verdadero partido político.

Dejar de ser el Leviatán estatal que son hoy, renegar de privilegio tan monstruoso, mil veces más aberrante, mil veces, que la corrupción endémica de la Cuba anterior a 1959 y que la Revolución cubana se planteó o quiso resolver.

ARISTOCRACIA POSTREVOLUCIONARIA

No fue sino pasados varios años de vivir en México que logré entender a qué país había llegado, de qué modo me había desplazado, como en una máquina del tiempo, a una lejana postrevolución.

Los generales hacedores de la Revolución mexicana, el equivalente de los comandantes en Cuba, reconvertidos desde hacía muchos años en prósperos empresarios. Todas las ciudades del país con escuelas cuyos nombres recordaban la lejana gesta, inauguradas por dirigentes partidistas, nietos de los legendarios revolucionarios mexicanos que en sus discursos recurrían a la más encendida retórica revolucionaria, se declaraban herederos de la lejana Revolución mexicana.

De modo que en el transcurso de una sola vida había yo vivido en la infancia de una revolución, en Cuba, toda su crueldad y entusiasmo. Para luego, en Rusia, su derrumbe en 1991, y por último y por arte de moverme a otro país, a México, tras haber como atravesado el espesor de los años, había arribado a un lejano Estado postrevolucionario, el imperante hoy día en México.

La lentitud y los muchos años necesarios para una transformación como la vivida en México, ¿cuánto tardaría la Revolución cubana en cristalizar en una formación semejante? Computable en decenios. Algo terrible si se mira así, pero inevitable. Volviendo a entender, desde este otro ángulo, que a menos que se violente con fuerza —no lo quiera Dios—

tomará muchos años el reacomodo de mi país, de Cuba. Y que será necesario comprar paz social con un régimen de tolerancia, bajo el cual terminen de fundirse aquellas dos vertientes bifurcadas a principio de los sesenta.

Y por último, lo más importante, y quizá lo que más duela a muchos, lo que ya he dicho y volveré a repetir. Que intentar imponer un juego democrático que desconozca las aspiraciones de poder, más que nada, las aspiraciones económicas de la actual clase política cubana, sería un error, el punto de inflexión que lanzaría al país a una senda de turbulencias con resultados impredecibles.

Concedamos que la actual clase política cubana sea autoimpuesta o usurpadora, pero ¿cómo sacarlos del poder? Es decir, todos queremos democracia, pero ¿cómo podría ser impuesta? Mediante elecciones libres. ¿Cómo? Forzando a la actual clase política. ¿Cómo? Con la ayuda de la comunidad internacional, léanse los Estados Unidos. ¿Cómo? Mediante sanciones. ¿Cómo? Negándole créditos, recurriendo a un embargo, si fuera necesario. Pero ¿no hay un embargo ya? Etcétera.

UN LIBRO ESCRITO HACIA ADELANTE

Un libro este escrito hacia delante.

Quitadas todas las comillas con las que busqué matizar tantas palabras, cuando hablé, agriamente, de los logros. Porque quizá deba conceder esto, que es lo positivo superando limpiamente a lo negativo. Lo bien preparado que está el país, su incalculable capital humano y lo rápido que se levantará.

Sin duda.

Que ahora, visto a la distancia, en cualquier caso, manifiesta aquella tendencia al desarrollo, aquel impulso cuya masa crítica había terminado de acumularse en los cincuenta.

Sistémicamente hablando y dejando de lado detalles que el tiempo terminará por redondear.

Quizá la mejor plataforma de pueblo alguno en América Latina.

En el sentido de estar, fácilmente, de una manera u otra, más estudiados, con mayor concentración de conocimiento que pueblo alguno del continente.

Y sumado a esto, como puesto de acuerdo el destino en sonreírnos, el capital que invertirá el exilio, la manera en cómo se involucrará, invertirá en un país que no han dejado de amar, ¡todo lo contrario! Que aman con inmenso fervor, tan cubanos o más cubanos que nadie por la dolorosa conciencia de vivir sin patria todos estos años.

Sintiéndome, Nguyen, particularmente optimista hoy, cuando miro hacia delante. Olvidado todo lo malo y negativo que le he dicho hoy y que he vertido en otros taxis. El exultante optimismo que se abre paso por mi pecho. Y el más exaltado patriotismo.

Mi país, ¿sabe usted?

¡Cuba!

Que no he dejado de querer, todos estos años, de venerar. Un lugar, ¿cómo decirlo?, especial, ¡único!

El más capaz y el más lleno de talento de todos los países sobre la tierra.

¡Y el más hermoso!

Excepcionales, buenos, llenos de talento y algo más que quizás usted no sabe, le cuento... El teléfono inventado en Cuba... Antonio Meucci... Un italiano... ¡Un dato estrictamente histórico! Este italiano, un emigrante, empleado durante años en el Teatro de la Ópera. En la Habana. Como técnico allí, inventó la idea del teléfono que luego le robaría Graham Bell...

¡Adelantada la isla de Cuba y más avanzada que todos los países del continente! Manifiestamente al borde del desarrollo en 1959, como ya le dije. Y claramente el mejor y el más preparado hoy. Que sabrá levantarse de las ruinas como el ave Fénix. Aunque haya dicho lo contrario un par de taxis atrás, un par de capítulos atrás. Argumentado torpemente lo contrario. ¡Me desdigo! Sabrá, estoy seguro, renacer de sus cenizas, remontar vuelo. Un futuro único, fácilmente detectable en la forma ¡también única! que tenemos los cubanos de bailar. Irrepetible. Mejores en eso que nadie en el mundo. Y otra vez, el pueblo más preparado, los más arduos debates de la política internacional dentro de su horizonte mental, la asombrosa vastedad y la fineza de sus conocimientos, algo que puede encontrar usted en cualquier hijo de vecino, en el más simple y a primera vista poco preparado interlocutor cubano. ¡Y no!

Un libro este escrito hacia delante.

EPÍLOGO

I

La Habana. Octubre del 2016.

Caminé el primer día sin tomar taxi alguno. Impactado por ¿cómo decirlo? la existencia material de la isla, su presencia física. Luego de tantos años de vivir en el extranjero, de escribir y hablar sobre Cuba, *de evitar escribir y hablar sobre Cuba,* de no dejar de pensarla ni por un minuto.

He llegado la noche anterior y me acabo de asomar a las calles, a los parques, al sol de las diez de la mañana.

No una entelequia, no una abstracción, un país.

Un lugar en el que las madres siguen llevando a sus niños a la escuela un día cualquiera como éste de finales de octubre. A quienes hay que educar, por quienes vale la pena trabajar, esforzarse cada día. De algún modo había yo perdido esta noción de la isla, la percepción del país físico, de un lugar bajo el sol con una vida que llevar adelante.

Me he hospedado en la parte más nueva de la ciudad en una *casa particular.* Todo lo que importa hoy día, lo que de verdad funciona, es particular, privado. Lo lleva una pareja, una mujer de voz cantarina y un hombre en sus cincuenta, alto y corpulento. Parecen estar todo el día en casa esperando por los huéspedes, se toman muy en serio su trabajo de hoteleros, de posaderos. Y me endilga una sarta de consejos prácticos, en mi caso, inútiles: le he dicho, sabe, que soy cubano. No deja de hablarme *como a un extranjero,* sin embargo. Cuidado con esos buses repletos, cuidado con esa sortija que llevo en el dedo... Nada especial en realidad, un anillo de plata comprado en Zacatecas, durante un festival literario el año pasado... Tome usted taxis, que son más seguros. Ese tipo de consejos. No me dan la llave cuando salgo: me abrirán ellos mismos la reja superpuesta a la puerta original. A la hora que regrese, no importa. Es un apartamento de los cincuenta y el edificio está, como todo en Cuba, dilapidado, sin cristales lo que fuera la preciosa escalera de la entrada, desatendido el jardín, rotos los muros bajos que lo separan de la acera.

Cuba, mi país.

Las palmas y el mal en lontananza.

Como hace tanto que no vengo, quiero ir a la parte vieja de la ciudad, comenzar por allí. Y claro, debo tomar un taxi (ayer mismo he tomado uno desde el aeropuerto pero, contrario a mi costumbre, he viajado en silencio, viendo las vallas con consignas revolucionarias llamear en la oscuridad. He olvidado esto también: la presión ideológica. Cuba podrá estar cambiando, pero nadie les ha puesto un alto a los noticieros que dan cuenta de las batallas por la producción de los interminables reportajes que suenan como partes de guerra).

Zonas cargadas que no dejan de emanar adonde quiera que voy. El discurso que retrasmiten en el *lobby* del hotel donde cambio dinero, los himnos que cantan un coro de niños en el televisor de una oficina. No he hecho más que llegar y de inmediato vuelvo a sentirlo, la gimnasia ideológica a la que están sometidos todos.

(La bodega vacía frente a la que paso, la yerba que para sorpresa mía crece en las aceras de esta parte de la ciudad, antes tan elegante.)

II

Todavía en la época que llamo del *Paraíso Obrero*, cuando el dinero ruso entraba a espuertas, los taxis eran Ladas soviéticos, y en teoría uno podía pararse en cualquier avenida a esperar a que alguno se detuviera junto a ti. Sólo que jamás iban a donde uno quería. Muchos noticieros abordaron el tema, programas de la televisión que denunciaban el elusivo comportamiento de los taxis, de los taxistas y de las taxistas, porque, ¡oh, novedad revolucionaria!, en la mediaría de los setenta también comenzaron a ser mujeres. Y eran muy bravas, igual o más que los hombres. Todos llevaban un uniforme, una gorra con visera de celuloide negro, como las de los choferes de buses y aquellos taxis normales de antes tenían, además, taxímetros que servían o debían servir para calcular el pago por el trayecto pero que los taxistas alteraban de todas maneras.

Sé que no lograré tomar un bus, lo he constatado ayer mismo en la noche: la gente arracimada en las paradas, la larga espera por los infrecuentes buses. Ni tampoco cuenta La Habana con un metro, una de las promesas jamás cumplidas de la Revolución, un sueño de los años ochenta. Y en su lugar, cuando camino dos cuadras por la avenida, la cinta interminable de los taxis particulares, los carros americanos que son en realidad el Metro de La Habana.

Han adoptado rutas fijas, una simplificación, entiendo, de las más sinuosas rutas de los antiguos buses, las *guaguas* cubanas. No serpentean por entre los barrios como solían hacerlo hace años (y llegar a mi trabajo me tomaba una buena hora y media), sino que los atraviesan raudos por las más amplias avenidas. Éstos sí se detienen a la menor señal siempre que haya un asiento disponible. También se les puede gritar como en cualquier país, pero no hace falta porque viajan atentos al «pasaje» de pie en el bordillo de la acera.

Saltan a la vista los colores subidos con que los han pintado. Se han beneficiado de esos esmaltes más sofisticados, *teflonados*, que los hacen brillar al sol como jamás lo hicieron en los lejanos cuarenta recién salidos de la cadena de montaje en Detroit. Estos esmaltes, que se importan desde Miami, han alterado la gama de los colores que se ven en la calle, el amarillo subido del Plymouth que pasa frente a mí como un bólido, los rojos del Chevrolet Impala en que una pareja de recién casados va hacia su luna de miel, la hilera de autos, de taxis multicolores, frente a un hospital.

Eso me atrae poderosamente, ese toque de franca irrealidad, la gama psicodélica. Todas las marcas, todos los años, desde viejos *pick up* con costados madera, hasta los más «modernos», los Ford Impala del año 60, que fueron los últimos en entrar, antes de que cayera el telón del embargo. El Oldsmobile azul celeste que me ha visto y que se detiene junto a mí. Subo feliz, *como un cubano más*, pero no logro cerrar la puerta, no quiere encajar en el cerrojo. Un pasajero extiende el brazo frente a mí y tira de ella con fuerza.

El interior de los taxis cubanos ofrece un espectáculo terrible, su estado causa no menos desconcierto que las maltratadas calles habaneras: los asientos han perdido hace mucho la vestidura original y están feamente parchados con muchos tipos de imitación de cuero. Desde el tablero cromado me miran las cuencas vacías de instrumentos que hace mucho dejaron de existir. Y los que todavía tienen no funcionan, no miden nada: las manecillas inánimes. En estos taxis cubanos todo ha sido arreglado más de una vez, remendado. La palanca de los cambios sustituida por palancas de carros más modernos, el timón —si es original—, vendado con cinta aislante de distintos colores para asegurar que las piezas de la baquelita original no terminen en el piso. Los pedales pueden provenir de tres carros distintos, soldados a la brava con extensiones para hacerlos más asequibles al pie.

Viajo virtualmente junto al chofer, un joven de cabello engominado, y asisto a la titánica tarea de manejar aquella antigualla: lo observo meter los cambios, las patadas al embrague, cómo lo acelera cuando nos detenemos en la subida de San Lázaro, frente a la universidad, para evitar que se apague.

Viajamos con las ventanas abiertas: de otro modo sería imposible respirar. Quemar gasolina los haría inviables económicamente y todos funcionan con motores diésel. Se viaja entre las nubes del escape de tu propio carro que se filtran a través de fisuras del piso y de los muchos que van delante.

El motor diésel aporta, además, otro sufrimiento: el ruido.

Que es infernal.

El torpedeo de los motores, el carraspear de las viejas cajas de velocidades.

Ha adaptado el motor de una planta de luz, me confiesa. De las que se usan en los hospitales como respaldo para emergencias. Y en efecto: el mismo tabletear inconfundible, asmático.

Sólo que escuchado a medio metro de ti, en el espacio cerrado de un taxi.

Viajo en medio de aquel ruido ensordecedor y de la no menos ensordecedora música del reggaetón estridente que va oyendo el chofer. Ha instalado una pequeña pantalla de video en medio del viejo tablero en la que pocas calles después sigue temerariamente un programa de televisión. No parece haber prohibición alguna contra esa práctica. Y chofer y pasaje disfrutan mientras viajan del capítulo de una telenovela.

Lo importante, lo percibo de inmediato, es que se ha perdido el miedo. Se habla con cautela, pero ya se ha ido el miedo grande, atosigador del que hablo en este mismo libro, que he denunciado en tantos taxis del mundo.

De modo que puedo invertir los roles ahora: soy yo el que ahora escucha viajando en aquel taxi.

¿De qué hablan?

De la nueva vida, de los despidos de las empresas estatales, de recientes robos a mano armada, de alguien que vive ahora en Holanda, en no sé qué ciudad y *le va de maravilla*.

De negocios.

Cuando la telenovela ha terminado, un pasajero le cuenta a su amigo sobre cómo puso en su lugar a un jefe, o más bien, logró convencerlo, hacer un dinero revendiendo el pan que quedaba en su trabajo en una panadería estatal, que lo recogían para alimentar a los cerdos.

—¡En Cuba! ¿Puedes creerlo? Donde se pasa tanta hambre —se indigna.

Lo escucho sin darme vuelta, sin delatar mi interés. Su historia, sucintamente: que estuvo trabajando en una panadería por unos meses. Y que en aquella panadería había sido testigo de cómo el pan que no se vendía, que no «salía», era embalado en sacos y enviado a una granja para alimentar cerdos. Lo que en un país con la escasez permanente de comida como Cuba era todo un despropósito. Le habló a su jefe de su desconcierto e indignación incluso ante tanto despilfarro. Lo escuchó aquél con atención, en la extrema cautela que impera entre los jefes en Cuba. Al final, porque los tiempos han cambiado, le dijo:

—Bien, puedes «realizar» esos panes como bien te parezca y te quedas con tanto y para la empresa tanto. Pero si te sale mal, yo no respondo, etcétera.

Y el hombre señaló con el pulgar el asiento trasero del Oldsmobile, de un taxi como éste, que es donde había cargado los sacos con el pan:

—Saqué ese pan, lo vendí en cafeterías, en otras tiendas, y les resolví a ellos el problema, y a mí.

Todo esto en un taxi particular, si no ¿cómo lo hubiera movido?

III

El Estado revolucionario requisó todas las propiedades, se encargó de la educación general, de la de los infantes y la de los adultos, se convirtió en único empleador, se abrogó el derecho de dejarte salir y entrar al país, se erigió como un coloso terrible en el medio de las vidas cubanas. Vigilante y tonante, al que se le debía completa obediencia.

Omnipresente, omnisapiente, omnitodo.

Su peso y la presencia diaria. La tremenda vida a la intemperie, traspasados por el quemante ojo del Estado.

En cada pueblo, en cada cuadra, en cada casa.

El único empleador. Y único juez.

Y árbitro.

Ya lo he dicho y ya me he quejado amargamente.

Pero ahora, en mi primera visita a Cuba en muchos años, observo los primeros signos del proceso inverso, los primeros pasos del desmontaje de ese Estado.

Veo, en una palabra, un Estado en retirada.

Una experiencia tan visible como si se tratara de un hecho físico. Lo veo refluir pesadamente, recogerse. Veo los detritos que va dejando en su retirada, las amplias zonas yermas, yertas. Todo lo que hoy es rápidamente remplazado por lo privado, por los particulares, por los taxis como en el que voy viajando, por la barbería donde me corto el cabello al día siguiente, las pastelerías en las que compro el desayuno, en realidad la sala de una casa, con sus mecedoras sobre el piso embaldosado.

Uno querría ver mayor velocidad, pero a tono con el calor de la isla, las reformas se suceden como en cámara lenta, ralentizadas, atemperadas por la canícula. Como en un baile de salón cubano, un danzón, con pausas para abanicarse.

Todo lo que veo desde la ventanilla del taxi ha necesitado años de cotas tomadas y abandonadas. De cotas tomadas fieramente y abandonadas con no menos fiereza, una verdadera guerra de posiciones.

La línea del frente coincide con la línea de ese Estado gigante y oceánico, que lo abarca todo, hasta donde alcanza la vista. Y frente a ese océano se ha colocado el pequeño empresario a achicarlo cada cual a su manera. O como en un grabado holandés en que negrea toda una aldea, se afana una multitud, aportando cada uno su grano de arena. O mejor, en este caso, quitando su grano de arena.

En la *novolingua* cubana que todo lo altera y nombra a su manera, a estas personas los llaman *cuentapropistas*. La idea quizás es que el «raro fenómeno» de la empresa individual es una invención de la Revolución cubana, un gesto sin precedentes del magnánimo estado revolucionario, que permite esa milicia variopinta, una leva popular, díscola, mientras ellos, el Estado, libran la batalla decisiva en el frente que verdaderamente cuenta.

Esa insinuación.

Y esa insidia.

El *cuentapropismo*, sobre el que pende la espada de Damocles de prohibiciones sin cuenta, de juicios inapelables, de confiscaciones fulminantes, es una suerte de *golem* fantástico hecho de partes arrebatadas al Estado y vueltas a componer en un bricolaje bárbaro. En un país donde no existen suministros al por mayor, todo es, en esencia, robado, lo que adelgaza y tensa la cuerda sobre la que hace equilibrio el cuentapropista. No hay de otra forma: el combustible diésel que engullen por litros los taxis, los camarones que sirven en la muy decente cafetería a la que me lleva una amiga, todo es robado o de trasmano, que es otra manera de decirlo.

Los insumos del dentista (la amalgama para las piezas cariadas, el mercurio), el tul con que la costurera cose un vestido de novia, el papel de fotografía para el retrato de la boda.

En rigor, todos los cuentapropistas pueden ir a la cárcel, porque todos roban.

Nadie pierde el sueño por ello, por lo difundido, por estar en la naturaleza misma del fenómeno y en su lugar el placer y el orgullo. De que sobre sus espaldas la bóveda del país, que sin estos atlantes se vendría abajo. O bien esta otra reflexión, esta otra imagen: la vida bajo el socialismo es un eterno juego del gato y el ratón entre el Estado —celoso valedor de su condición de único actor— y la guerrilla eterna de la iniciativa privada y el mercado negro, que es la corriente poderosa que corre bajo la superficie en apariencia monolítica de todo el país y que lo mantiene funcionando. El Estado se ha propuesto acceder a esa corriente con pozos artesianos, permitirle salir a la luz de manera más o menos controlada.

Los mejores sastres, los mejores restaurantes.

Los mejores floristas, los mejores relojeros...

Desde el 2006 o el 2007.

IV

Sobre esta suerte de civilización postindustrial, sobre la distopía postapocalíptica que es hoy la Revolución cubana, se ha posado en marzo de este año 2016, la nave espacial del presidente de los Estados Unidos, Barack Obama. Como esos discos gigantes tachonados de luces a los que nos tiene acostumbrado Hollywood, suspendidos sobre una ciudad, sobre un país. Cargados de un designio inescrutable.

El pasmo general entonces, que luego de tantos años, no la invasión alienígena, no la destrucción, sino por el contrario, el regreso de la nave madre en misión de rescate, el fin de la locura del desencuentro con nuestro principal vecino. Desatino de muchos años, de 1960, el año que marcó el ocaso de la Civilización Americana en Cuba y el comienzo del tenaz capítulo de la Obliteración de América.

Toda mi infancia.

La visita ahora, por fin, del presidente americano en plano de hermano mayor, continental. Un día de marzo con lluvia, Obama desciende de su nave. La primera visita de un presidente de los Estados Unidos en décadas. Han reabierto las embajadas, ha nombrado a quien puede ser llamado, en rigor, el primer embajador estadounidense en Cuba: los de antes eran poco menos que procónsules.

Si algo logró la Revolución cubana, si algún triunfo grande puede atribuirse, es éste de haber trasladado el centro de gravedad de la política cubana a La Habana. Al precio tremendo que lo hizo; ya he hablado de ello.

Un triunfo grande, incontestable.

Obama lo entiende. Ha pisado los adoquines que piso yo ahora, en la ciudad vieja, en la así llamada Habana Vieja, en los zapatos de un *presidente en visita amistosa*. Todavía cuelgan los pósters del acontecimiento histórico. Por toda La Habana, a dondequiera que voy. Los estudio, e incluso logro llevarme uno, aunque, debo confesarlo, tuve un primer sentimiento de rechazo. Continué la visita con cierta sospecha, cierta aversión, incluso. No importa cuánto abogara antaño, y este libro de testigo, por el acercamiento, por el fin del embargo. De acuerdo con que le correspondía a Estados Unidos dar el primer paso. Pero cuando el presidente americano comienza a darlos no puedo no sentir cierto disgusto.

Por la rapidez con que ocurre todo, porque no le pide nada a cambio al gobierno cubano, concesión alguna, ablandamiento de lo que se quiera.

Nada.

En parte es lo justo y es como debe ser (ver el capítulo «Los Estados Unidos bravucones» de esta misma *La Revolución cubana explicada a los taxistas*), pero por otra, ¿cómo sentarse a negociar sin pedir nada en prenda? O bien, tan sólo esto, ¿cómo llamar presidente a Raúl Castro, que simplemente no lo es?

No en el sentido de un presidente electo, y menos tras tantísimos decenios en el poder.

Estos remilgos y estos abundantes peros.

Hasta que me topo con algo, un detalle de la visita que veo con profundo agrado, aunque no sé cómo contarlo. Por dónde empezar. Hay mucho de ridículo en ello, de impropiedad incluso. Obama decide usar como avanzadilla de su visita ¡un video humorístico! Es un hecho histórico: luego del enfrentamiento a muerte, luego de años de fintas y bufidos, el primer amago promisorio y la primera señal es ésta, un video humorístico.

Permítanme que se los cuente: se sube el telón. Aparece un jubilado cubano, un actor con barbas postizas, que llama al Instituto de Meteorología y por azares de esta vida conecta con la Casa Blanca. Todo esto claramente absurdo y disparatado. Obama, en la Oficina Oval, toma el teléfono. Dialogan entonces, el jubilado en un inglés macarrónico, aunque providencial, ¿cómo es que se maneja tan bien en aquella lengua? y Obama con su voz entrenada, de político. El jubilado le hace todo tipo de preguntas tontas, trata con absurda familiaridad al presidente, le dice que si tiene problemas de hospedaje no dude en quedarse en su casa, que, por favor. Le ofrece su propia cama y hasta irlo a recoger al aeropuerto.

¡Al presidente de los Estados Unidos!

Es, debemos entenderlo, el mensaje que Obama ha querido enviar, el más importante: la ridiculez y lo absurdo de este video.

Una vez en Cuba, en *suelo cubano*, hace un espacio Obama en su apretada agenda, la reunión con los nuevos empresarios, la foto con los célebres cuentapropistas, la reunión obligada con la disidencia, las conversaciones con los dirigentes cubanos, y asiste al popular programa de este cómico... Ahora estamos en la sala de una casa cubana, tres hombres, nuestro conocido de las barbas postizas y un par de amigos, juegan una partida de dominó. De pronto, ¡oh, conmoción!, Obama toca a la puerta, entra acto seguido como si cualquier cosa a la sala de aquella casa, los saluda efusivamente como el excelente actor que es, se quita el saco (estamos en Cuba, hace calor), lo cuelga del espaldar de la silla y se sienta a la mesa a jugar con ellos dominó.

Todo lo que, repito, no deja de ser ridículo y desconcertante.

Claro está, en algún punto de su visita Obama también pronuncia un discurso sobre el que no voy a extenderme. Sin mayor importancia lo que dice. O como sin mayor importancia. Chapurrea versos de nuestro poeta nacional, hace un llamado al respeto a los derechos humanos, lanza veladas o no tan veladas alusiones a la democracia, habla de aquello y de lo otro.

Lo de rigor.

Vuelvo, sin embargo, quiero hacer hincapié, y el ágora móvil de los taxis habaneros me lo confirma, al impacto de aquel video.

Jamás hierofante alguno de la Revolución cubana.

En un país en el que los dirigentes siempre poco menos que dioses, instalados en un Olimpo inalcanzable, en que jamás se vislumbran atisbos de su vida privada, la sencillez de Obama manda un fuerte mensaje de democracia, de normalidad, de bonhomía incluso.

Un gesto sin precedentes.

La hierática griega, de la Revolución cubana y de Fidel Castro rota por ahí. De esta manera el mayor mentís a la retórica del enfrentamiento, de que fuimos asediados. El pelele de tantos años.

No más enemistad. Ha venido Obama a tendernos la mano. Con una sonrisa, con una carcajada incluso.

De esta manera insólita.

Los Rolling Stones que vienen después, el desfile de modas de Chanel en el Paseo del Prado de La Habana, en la misma idea de normalidad, de hasta banalidad, de cosa frívola. Observo además un manejo de la iconografía de la Revolución cubana que marca la entrada a una etapa Disney. Karl Lagerfeld, el célebre modisto, en el papel de Comandante en Jefe: las boinas negras con que van tocadas sus modelos, el coqueteo con lo castrense, lo militar, los uniformes. El desfile es, no obstante, *rigurosamente vigilado*. No se le permite el acceso al público, lo mismo que al discurso de Obama en el Gran Teatro de la Habana...

Camino ahora mismo, en esta misma mi primera mañana en La Habana, por el Paseo del Prado, por sus aceras de mármol, y puedo imaginármelo todo: las farolas centenarias prendidas para el espectáculo, los leones de bronce en los que más de una tarde cabalgué en mi infancia. La producción excelente, la inmejorable pasarela.

V

Cuba vive hoy a horcajadas entre ambos mundos, atravesada por un plano de profunda irrealidad. El país tiene un pie en el sempiterno racionamiento exiguo, en la medicina pública, esa otra certeza, en la educación en redondo, universal, y el otro pie en la proteica realidad de lo privado, de los minihoteles, de los restaurantes con dueños, de los gimnasios de moda, de las piscinas que los emprendedores, todos con cadenas de oro al cuello, alquilan para fiestas privadas.

Esto es Cuba hoy.

El sol naranja y los laureles que bajan hasta el mar.

Y la brisa.

Cuba, la Revolución cubana, los taxistas, todo en el aire, reconfigurándose ahora mismo. En cámara lenta, es verdad, pero no por eso menos real, menos cierto.

El país ha vuelto a la empresa privada con la naturalidad de un río que vuelve a su cauce.

Avanzará o se deslizará indefectiblemente.

No puede ser de otra manera.

Tan llena, tan cambiante y tan terrible que es imposible explicarla, lo sé. A la Revolución cubana. El desastre a la vista, lo que apunto en mi diario cuando llego a casa tras este primer paseo y me siento a anotar en mi cuaderno de hojas amarillas: «La Habana —escribo— es una ciudad detenida en el tiempo». Y la esperanza de que para mejor: la prueba en aquellos mismos taxis en los que viajo, del ingenio y la inventiva que los mantiene rodando.

A todas esas antiguallas.

Hechas para durar, como la Revolución cubana misma, ¿quién lo habría dicho?

¡Taxi! ¡Taxi!

BREVE CRONOLOGÍA PERSONAL DE LA REVOLUCIÓN CUBANA

1959

1° de enero. Triunfa la Revolución cubana tres años antes de mi nacimiento. Aunque no relacionado directamente con mi venida al mundo, ese día echaría a andar el acontecimiento que no ha dejado de iluminar ni uno de los días de mi vida adulta. Vivamente cuando estaba o vivía en ella, de manera, puede decir, quemante. Y como el resplandor de un incendio que ocurre tras la línea del horizonte, cuando preferí alejarme, colocarme en la distancia. Sin dejar por ello de vivirla, de sufrirla. Todo el tiempo.

1960

22 de agosto. De niño me costaba trabajo imaginar la vida que habían llevado mis padres antes de la Revolución. Una existencia anterior difícilmente imaginable. Un día le pregunté a mi madre: pero ¿cómo podían, qué era esa vida terrible que llevaban, qué les hacía vivirla? Mi madre preparaba unos buñuelos, dejó las manos en la masa, quietos los brazos y sacó la vista por la ventana sin saber qué responderme. Quizás ella misma asombrada, habiendo topado, gracias a mi pregunta, con aquel imposible. ¿Cómo, en efecto, habían podido nacer, crecer, enamorase, vivir en aquel infierno?

1961

5 de agosto. Lidia, la vecina de San Martín, en el reparto Boves, en la ciudad colonial de Camagüey, una mujer mayor que mataba las tardes haciendo crochet en el portal del magnífico chalet de los cincuenta, más una mansión, que era su casa, me contó cómo en el lejano 1961 su marido había perdido la razón, literalmente, el día del cambio de la moneda. Cuando el gobierno revolucionario, la Revolución cubana, cambió sin aviso todo el dinero circulante en el país, dejó sin valor la moneda anterior. Alguien fue a avisarle a Lidia que su esposo estaba en una calle del centro repartiendo dinero a los transeúntes. Lo encontró de saco, elegantemente vestido y con los bolsillos llenos de los billetes ahora inservibles que arrojaba al aire. Jamás se recuperó del golpe: moriría poco después. Tengo así, de primera mano, una sutilísima versión de la tragedia. Los mejores vecinos que he tenido nunca; Lidia, que fue como una abuela para nosotros, su encantadora hija, exdueños de tierras, o bien, exlatifundistas.

1962

22 de mayo. Día de mi nacimiento. Conservo una foto en la que estoy en el jardín de mi casa en el Aldabó, la casa americana, el chalet americano expropiado a sus dueños sobre la que ya he hablado en este mismo libro. Tengo menos de un año y visto una prenda ahora caída en desuso para los infantes: unos pantaloncitos abombados a media pierna. Estoy de pie junto a un pino canadiense, todavía joven en la foto, que años después, en un arranque de autoritarismo y bajo la protesta de toda la familia, mi padre recortó su copa feamente por lo mucho que había crecido y por temor de que cayera durante un ciclón y dañara el tejado del portal.

1964

16 de abril. La guerra civil en Cuba en todo su apogeo. Las fotos de mis padres vestidos de milicianos, que guardo. De pie ambos en un lugar llamado Minas del Frío, en el macizo montañoso del centro de la isla, que fue el epicentro de la insurgencia contra la Revolución. Este nombre. Un nombre que me acompañó durante toda mi infancia y que significaba, en mi mente, la Revolución, el momento en que mi padre se apuntó a la campaña de alfabetización entusiastamente, y luego a la lucha contra bandidos, como se le llamó a la guerra civil que pronto se desató. Combatió allí contra el bando contrario, que no había aceptado la idea de la Revolución cubana. Y como he dicho, también alfabetizó, junto con mi madre, a campesinos analfabetos. En aquel mismo macizo montañoso. Hasta muy avanzada mi infancia y en medio de los apagones que sobrevendrían mi padre no dejaba de ensalzar las virtudes de un farol chino que habían usado para alumbrarse en las lejanas montañas.

1967

8 de octubre. Muere el Che Guevara en la lejana Bolivia. Muchos años después y sin relación directa con este hecho, con un grupo de amigos crearíamos un grupo de música folclórica andina, por aquello de la solidaridad continental, al que le pusimos el imposible nombre de Ñancahuazú, que era el río, toda Cuba lo sabía, cerca del cual el Che había caído combatiendo. En algún momento antes de la muerte del Che, su amigo y excamarada en armas, Fidel Castro, leyó la famosa carta de despedida que aquél le había escrito y que media Cuba llegaría a aprenderse de memoria. 1968 es también el año en que mi padre participó en unas maniobras del ejército en los cayos del sur de la isla y regresó con un carey disecado que aún conservo. Y ese carey es la crisis de los cohetes del 63 o cualquier otro momento álgido de la historia de Cuba, en 1967 o 1969.

1968

1° de septiembre. Cuando entré al preescolar ya me había aprendido de memoria la letra del himno nacional cubano que me enseñó en dos tardes nuestra doméstica, que era como eufemísticamente se les llamaba también a las sirvientas, la muchacha de pueblo que mi padre había contratado para que ayudara a mi madre en las tareas domésticas. Recuerdo que usaba un llamativo colorete, y ahora pienso que debe haber estado haciendo sus últimos días como sirvienta. Pronto dejaría nuestra casa por un trabajo en alguna fábrica. Porque la Revolución cubana había abierto otros horizontes a las muchachas campesinas como ella. Antes de irse, sin embargo, me enseñó la letra del himno, de modo que la tarde previa a mi primer día en la escuela pude cantarlo ante mis asombrados padres. Es también el año de la invasión rusa a Checoslovaquia de la que no guardo, lógicamente, ningún recuerdo.

1969

20 de julio. Es curioso que tampoco guarde ningún recuerdo sobre el mítico viaje a la Luna de Neil Armstrong. Dos años más tarde, en el patio de mi escuela, y a la hora del recreo, llegué a discutir con otro niño, a negar vehementemente (en mi ignorancia) que los norteamericanos habían logrado el mítico sueño del viaje a la Luna. Me parecía, lo recuerdo con toda claridad, simplemente inconcebible. No he dejado de pensar en ello todos estos años: el grado en que estábamos desconectados a profundidad del mundo. En Cuba. Que una noticia de tal envergadura fuera incapaz de atravesar la gruesa capa de la propaganda oficial, escamoteada.

1970

26 de julio. El más sonado fracaso económico de la Revolución cubana, la célebre zafra de los 10 millones, una suerte de salto hacia delante a la china, está relacionado en mi imaginación con la mayor inflación que quizá haya conocido Cuba y con un bello pañuelo japonés, de seda azul, que una noche de carnaval una mano le arrebató de la cabeza a mi madre para enorme consternación suya. Lo había comprado por una millonada de un dinero ya de todos modos devaluado por la inflación galopante, sólo para serle robado de esa manera tragicómica y para terrible susto mío. Que en mi inocencia infantil atribuí a aquel robo un significado mayor y más siniestro del que realmente tenía. Al punto que lo he traído aquí a colación sin venir, alguien me dirá, a cuento.

1971

22 de agosto. Toda mi infancia en el estruendo, así lo recuerdo, acústicamente, de la Información Política, un noticiario de adoctrinamiento puro y duro de la radio gubernamental. Los indetenibles avances del Viet Cong al sur del paralelo 17, los desmanes del imperialismo yanqui en Laos y Camboya. Día tras día. Mi madre en la cocina, preparando el almuerzo. Por alguna razón y relacionado a estos programas radiales recuerdo un experimento que repetí varias tardes en el patio de mi casa: poner a prueba la creencia de que, si se agarraba un sapo de debajo de una piedra, húmedo y soñoliento y se le espolvoreaba con sal, su espalda húmeda comenzaría a hincharse hasta explotar tremendamente. Jamás ocurrió. Una teoría falsa. O bien, quizá valdría repetir el experimento. Pero he perdido aquel impulso naturalista de mi infancia.

1972

22 de mayo. Tengo diez años. ¿Qué fue para mí el embargo? No lo sé. Quizás un lapicero que tuve toda mi infancia, que no recuerdo cómo cayó en mis manos y que por muchos días, meses, llevé en mi cartera de colegial tan sólo para estudiarlo con arrobo, maravillado de que existiera un portaminas así, para puntillas tan delgadas. Algo más fácil conseguir las puntillas gruesas: cada cierto tiempo astillaba un lápiz con el tacón del zapato y sacaba intacto el grafito que usaba en mi portaminas alemán. Pero aquél, delgado y con una góndola que viajaba en su casquillo (ese detalle me atraía particularmente) no dejaba de intrigarme. Jamás, en expendio alguno, hallé minas o puntillas así. Y luego, muchos años después, mi predilección precisamente por ese tipo de portaminas (el que he usado para escribir este libro) y mi asombro, mi genuino asombro, cada vez que las compro, al paso, en cualquier expendio, puntillas de ésas, HB. Una bagatela, una fruslería, me dirán, ¿qué no lo es?

25 de noviembre del mismo año. Tengo, por primera vez, una idea del grado en que están involucrados los rusos en Cuba, a profundidad, cuando debo presentarme a un examen de piano en la pequeña escuela de música donde yo estudiaba el instrumento (Czerny, Béla Bartók, todas las composiciones del cuaderno de Anna Magdalena Bach). Hacía tan sólo unas semanas que había rendido el examen del semestre con no muy buenas notas, y de manera sorpresiva anunciaron el arribo de una delegación rusa ante la que todos los estudiantes, toda la escuela, debíamos rendir una suerte de examen especial. El país rebosaba de especialistas extranjeros, rusos mayormente, que trabajaban en todas las ramas de la industria y la cultura. Tantos que alcanzaban para el desempeño menor de examinar a conciencia a un estudiante de tercer año de piano. Emitieron con toda gravedad el veredicto los examinadores rusos: Mejor haría en estudiar chelo. Y agregaron para mi infinita sorpresa: tiene manos de chelista, utilísimo consejo que, de más está decirlo, no seguí.

1973

11 de septiembre. Cuba se ha involucrado profundamente con la Revolución socialista en Chile. Recuerdo lo que hacía mi madre el día de la noticia de la muerte de Salvador Allende: lavaba a mano. Nuestra lavadora, una vieja Whirlpool americana, se había descompuesto hacía mucho y no había piezas de repuesto. Me veo a mí mismo jugando con mi perro en el patio de mi casa, enseñándole cómo traerme de vuelta una pelota que le arrojaba una y otra vez. Guardo además el jocoso nombre con que bautizaron un nuevo tipo de pan que recién habían comenzado a hornear en una panificadora (no una panadería, una panificadora, algo estatal, gigante), el nombre que le dieron por su dureza y mal sabor: Pinochet.

1974

15 de septiembre. Comienzo mi larga experiencia como obrero agrícola a la edad de doce años. En más de una ocasión he evocado el mediodía en que el encargado del campo nos fue dejando a lo largo de un canal de regadío entre la hierba altísima y el incesante zumbido de los mosquitos. Cómo comencé a chapear, que es como se le dice en Cuba, a cortar aquella hierba. Temiendo todo el tiempo cortarme una pierna con el machete, vigilándolo atento la manera que tenía de rebotar contra los gruesos tallos de un tipo de gramínea gigante, la rapidez con que terminó embotando el filo del machete, que debía detenerme a amolar cada media hora. En un momento, cuando quise salir, subir desde el fondo de la acequia, la arcilla húmeda succionó mi bota que quedó atrapada en el fondo. Me sentí profundamente infeliz. Se trataba de una práctica pedagógica que recomendaba la combinación del estudio y el trabajo, algo positivo, afirmaban. Soy el resultado también de ese experimento.

1975

5 de noviembre. Toda la aventura militar cubana en África y el extraordinario secretismo del que estuvo rodeado muy al principio, cuando todavía querían mantener un bajo perfil, está reflejada para mí en esta anécdota sobre cómo mi padre no sólo accedió a mentir a su familia sobre dónde en realidad se encontraba, sino que llegó a renunciar por escrito a su nacionalidad, para que si lo capturaban, no pudieran vincular a Cuba, acusarla de estarse inmiscuyendo, como en realidad lo hacía, en los asuntos internos del aquel continente. No en África, nos dijo a nosotros nuestro padre. Estaba tomando unos cursillos en Rusia. Pero a la tercera o quinta carta yo calculé dónde en realidad se encontraba porque la hora que decía ser en el momento en que lejos de casa se sentaba a escribirnos no podía ser la de alguien que estuviera en Moscú. Siempre me viene a la mente en el sentido de la extraordinaria obediencia y el ambiente James Bond que imperaba en la Cuba de aquellos años. Al punto de mentirle a su propia familia. Pero descifrado el secreto de la presencia militar cubana en África por el joven genio de trece años que fui.

1979

19 de julio. Triunfa la Revolución en Nicaragua. En el salón de protocolo de la Escuela Vocacional Lenin, la Eton cubana de la que he hablado, colgaba un enorme pez espada disecado, uno de esos magníficos ejemplares que aparecen en las portadas de *El viejo y el mar* de Ernest Hemingway. Bajo aquel pez toqué con mi grupo canciones sobre la solidaridad latinoamericana para Humberto Ortega, ministro de defensa nicaragüense. Al final del concierto le pedí un autógrafo de la manera más cándida, en el alborozo y el entusiasmo del adolescente adoctrinado que era ante prueba tan fehaciente de la Revolución Mundial que se avecinaba. Las conversaciones que sostenía hasta el amanecer con mis amigos sobre la necesidad de un futuro mejor para todo el continente.

1980

20 de abril. Año del éxodo masivo a Miami. El adolescente adoctrinado que sigo siendo queda en profundo *shock* cuando leo las cifras de las personas que han elegido irse de Cuba: la magnitud del éxodo. Todo lo que publica el diario oficial cada mañana. No puedo creerlo, imagino que algo debe estar mal, el cálculo errado. De esos días también guardo la imagen de cómo alguien, con absoluta determinación, es capaz de detener a una turba enardecida. Uno de los grupos que, alentados por el gobierno, se habían organizado por todo el país para los así llamados *mítines de repudio* y que en esencia repetían ciertas tácticas de los *pogrom* zaristas. Vi a una mujer en sus treinta, la madre de algún condiscípulo, que era perseguida por el pasillo principal de la escuela por un grupo de adolescentes vociferantes. Y yo no, jamás lo hice, lo confesaría de haberlo hecho, de haber participado. Jamás grité consignas. Mi sensación ante ellos, lo recuerdo con absoluta claridad, era de total desconcierto, de total repugnancia. En un punto de aquella ordalía, la vi a la mujer detenerse con toda calma y proferir entre dientes como el capitán de un barco que mantiene a raya a la marinería revuelta: el que me lo toque… Y no dijo más. Los miró a todos de hito en hito, se volteó y siguió hacia la salida con su hijo o hija, no lo recuerdo, de la mano. Aquello me impactó profundamente, no he dejado de pensar en aquel incidente todos estos años.

En los días de la crisis del Mariel cien mil personas dejaron Cuba, votaron con los pies según la sabía definición de Vladimir Ilich Lenin, líder de la Revolución Mundial.

1981

2 de agosto. Todo lo que entró en mi vida gracias a la improbable alianza de la Revolución cubana con la lejana Unión Soviética. A los diecinueve años viajé desde La Habana a lo más profundo del territorio soviético, a la ciudad de Novosibirsk en la Siberia Occidental. Llegué a fines de agosto, cuando las hojas ya habían comenzado a colorearse de rojo por la caída de la temperatura, la llegada de las primeras noches frescas que anunciaban el súbito otoño siberiano. Viví en aquella ciudad cinco duros inviernos en los que aprendí a calcular con facilidad la temperatura afuera, los menos 35 grados centígrados de cualquier mañana, por el grosor de la escarcha en la ventana. Muchos años después, en una conferencia del PEN de la ciudad de Nueva York, recordé ante el público la experiencia más impactante de mi primer diciembre en Siberia, mi encuentro con un palacio de hielo en la plaza principal de la ciudad. Cómo me acerqué a aquel prodigio, me saqué el guante, posé mi mano sobre el hielo y exclamé jubiloso con una frase sacada de *Cien años de soledad*: es el diamante más grande del mundo.

1983

13 de abril. Una tarde de primavera en Rusia, mirando por la ventana de mi cuarto el parque abajo las primeras señales del calor, descubrí alelado que aquel país ya no creía en el comunismo. Podía a ver a tantas familias rusas paseándose con perros, inmersos en los trajines de una vida normal, con casas de campo y perros de raza. Esa sola imagen, aquella sola tarde me bastó para entender hasta qué punto la Revolución, sus ideales, se habían evaporado sin dejar huella. Años después dediqué todo un libro, mi primera novela, *Enciclopedia de una vida en Rusia*, a explorar los más importantes aspectos de este asunto.

1985

2 de julio a 28 de agosto. De vacaciones en Cuba, visito el recién creado Museo de la Revolución. Entiendo allí, tengo la clara visión de que el conflicto de la Revolución cubana es también, y casi más que nada, generacional. El horror de unos *jeans* muy viejos, de un corte Elvis, en una de las vitrinas de aquel museo. Que me hicieron ver, repito, la base, el trasfondo generacional de todo el problema cubano. ¡Si jamás, ni muerto, me hubiera yo puesto unos *jeans* así! Viejos y pasados de moda. La Revolución cubana, Fidel Castro, son viejos de dos o tres generaciones. De cuando los Beatles —¡cuesta imaginarlo!— *aún* no habían aparecido. ¿No es un horror? Es algo que no me he cansado de repetir en conferencias. Piensen en ello, les digo: ¡más viejo que los propios Beatles! ¿No es absurdo? Entendido todo con absoluta claridad a la vista de aquellos *jeans* en aquella vitrina del Museo de la Revolución.

1986

12 de mayo. Logro contraer matrimonio, casarme con Elena Nikolaevna, mi novia rusa, a pesar de la prohibición de un funcionario de la embajada cubana en Moscú, a quien fui a ver para gestionar —esa palabra, el feo término— el permiso. Me habló con absoluta frialdad en su frío edificio de Moscú: No creo que podamos darle ese permiso. Por razones de mi viaje a Moscú, de mi reencuentro con Elena, había pasado dos noches sin dormir y salí del edificio de la embajada y viajé en un taxi moscovita bajo un visible estado de alteración. Hablé en voz alta, sin poder contenerme, todo lo que duró el viaje hasta mi hotel; despotriqué contra mi gobierno que, gracias a la Perestroika y la Glasnost, había comenzado a hacérseme más odioso aún. Finalmente una empleada del consulado cubano en Moscú decidió ayudarnos. Nos dijo: «Pondré los papeles del permiso en los documentos que daré a firmar al cónsul hoy. Los firmará sin darse cuenta. Pierdan cuidado». Y así fue que los tuvimos a la mañana siguiente, yo y Elena Nikolaevna, mi novia hasta ese día y mi futura esposa. Que pudimos casarnos gracias a la Perestroika, a la apertura que permitió a aquella funcionaria del consulado cubano, una rusa, imaginar aquel pequeño acto de libertad o desobediencia civil.

1987

7 de noviembre. Intento fallido de reclutarme para ir a pelear a África que cuento en este mismo libro (ver página 110). Ya totalmente perdido para la causa revolucionaria, yo.

1988

27 de octubre. Me regreso a vivir a Rusia en un carguero de la flota del Báltico. El más espectacular de los viajes: quince días en altamar. De escala en el puerto de Hamburgo, tengo el primer atisbo de Occidente.

1989

12 de junio. Recuerdo dónde estaba cuando me sorprendió la noticia del arresto del célebre General Ochoa: estaba, de todos los lugares del mundo, en Siberia. Recuerdo lo de la muerte del general Ochoa, cómo me lo gritó desde lo alto de una excavadora Mijaíl, un colega de la planta telefónica donde entré a trabajar como ingeniero a mi regreso desde Cuba. Sacó todo el torso de la cabina y me gritó algo así como «Ya comenzó el año 37 en tu país» o «Ya empezaron a matarse entre sí». Y no entendí una palabra de lo que me decía, hasta que esa noche leí las noticias en el diario y vi de qué se trataba. Alguien, Ochoa, a quien había conocido de niño. ¿Evelina? Creo que era Evelina el nombre de su madre, una señora de la Sierra Maestra, de donde eran los Ochoa y que en cierta ocasión cayó enferma y debió ser atendida por mi padre, en su calidad de médico y cirujano militar.

Al igual que nosotros, Evelina vivía en uno de esos elegantes chalets dejado atrás por la burguesía en fuga. Y en uno de sus muchos cuartos, quizá sin otro uso que darle, la vieja campesina había puesto a vivir abejas, es decir, había convertido el cuarto en un panal de abejas.

Eso no dejó de asombrarme aún a mi corta edad, y sin que supiera, lógicamente todavía, que su hijo sería fusilado años más tarde.

La sensación, el zumbido de las abejas en aquel cuarto. Hablé y se lo conté a mi esposa, a Elena Nikolaevna, al volver a casa. La corta conversación que había sostenido esa mañana con aquel colega mío, Mijaíl Petrovich, informado por él de que estaban matándose en mi país. Y se trataba de aquel general, el hijo de la dueña de las abejas.

1990

27 de enero. Primer viaje a Berlín Occidental. Podría decir aquí, mentir aquí, que fui a presenciar la caída del muro, un cometido histórico, importante. En realidad, viajé con fines comerciales, con cierta mercancía para vender: una colección de estampillas soviéticas de los treinta para la que finalmente no hallé comprador. Pasé unos días conociendo Berlín Occidental, alojado en casa de un amigo, y haciendo incursiones esporádicas a Berlín Oriental, todavía socialista. Una noche que regresaba al otro lado, al lado capitalista y tras hacer la cosa para pasar en el mítico Checkpoint Charlie, un oficial de la GDR, ataviado con en el uniforme verde azul de las tropas de aquel país, nos prohibió regresar a Berlín Occidental a mí y a mi amigo Yuri Martínez por considerarnos posibles tránsfugas socialistas. Nada más lejos de la verdad, intenté explicarle, porque regresaba todos los días a comer. Es decir: nos alojábamos en Berlín Occidental en casa de aquel amigo, pero viajábamos diariamente a comer a Berlín Oriental porque la comida socialista todavía era más barata. No quiso creernos. Debimos, a las once y media de la noche, bajo el silencio desconcertante de una nevada que comenzó a caer de pronto, preguntarnos dónde pasaríamos la noche. En Berlín Oriental, donde no conocíamos a nadie.

1992

23 de marzo. Durante años tuve el mismo sueño recurrente. Me veía viviendo en Cuba con la muchacha de la que había estado enamorado en mi adolescencia. Y ese año, durante un viaje a La Habana, decidí buscarla para dar con ella, interrogarla en la vigilia, preguntarle qué había sido de su vida, cómo vivía. Porque no había dejado yo de hacerme la siguiente pregunta: ¿qué habría sido de mi vida de haberme quedado en Cuba? ¿Todos esos años? ¿De no haber emigrado? Un país, una ciudad, donde viven aquellas muchachas de las que estuve enamorado cuando tenía dieciséis años. Y en la que llevan una vida que difícilmente imagino, con niños, con esposos, con familias, en la necesidad diaria... No la encontré, sin embargo. Ya no queda en La Habana casi ninguno de mis amigos de mis años jóvenes

Todos se han ido.

1994

22 de julio. Mi fallida participación en la primera pirámide financiera de Rusia, un timo que rindió millones a quienes lograron deshacerse a tiempo de las falsas acciones, capitalizarlas antes de que toda la estructura se viniera abajo, volatizaron mis planes de convertirme en uno de aquellos millonarios de la primera hornada y precipitó mi huida de Rusia, con toda la familia, a México.

13 de agosto del mismo año. Me encuentro en La Habana, en una corta escala de paso para México. Desde la ventana de la casa de un amigo descubro la aglomeración de personas en una playa cercana. Ha comenzado la crisis de los balseros, y sin embargo, según la lógica privada como se viven los acontecimientos históricos, no me percato de ello, ni mucho menos hago por salir, averiguar qué pasa.

No he dejado de reprochármelo luego, pero tenía algún otro amigo que visitar esa tarde, cosas que hacer. Después resultó que ese amigo también estaba por irse, como los miles que se lanzaron al agua en esos días, pero según el método más ingenioso de confeccionar una lista, me explicó, que incluía los nombres de todos sus amigos y amistades, personas a quienes quizá hacía años no veía, pero a quienes visitó para pedirles un dólar, tan sólo un dólar, para su billete de avión. Lo recuerdo bien porque en la noche que me lo explicó y le di el dólar debí atravesar, de vuelta a mi casa, un grupo de personas en la calle que hablaban acaloradamente, la ciudad en plena ebullición.

1995

2 de enero. México fue para mí el país que había sido Cuba antes del 59. Fue eso lo que me dije cuando llegué la primera vez y esperé el taxi en la parada del aeropuerto. Viendo toda aquella publicidad que cubría las calles, los techos, las vallas de las carreteras, por todas partes, en total caos. Y la pobreza profunda, que lo penetraba todo, que estaba en todo. Así, me dije, debe haber sido mi país antes del 59.

1996

22 de abril. Publico *Nunca antes habías visto el rojo*, mi primer libro de cuentos.... Ninguno de mis libros, las novelas que he escrito, transcurre en Cuba. Lo que también es una paradoja o una ironía del destino porque soy un autor cubano y la cubana una revolución racionalista cuyo principal objetivo era ensalzar lo nuestro. Pero hete aquí que quedamos dispersos por todo el mundo, los cubanos y los escritores cubanos. De modo que hemos terminado incorporando paisajes extranjeros, países en los que nieva. Sin dejar por ello de ser cubanos. Cierto.

1999

29 de marzo a 5 de abril. La tarde en Acapulco en que tomé un taxi en Semana Santa y me contó el taxista que quería enviar a su hijo a estudiar a Cuba. Y no me atreví a decirle lo que realmente pensaba, desencantarlo. Lo consideré un segundo observando el mar desde lo alto de la cuesta, los botes con motor que surcaban la bahía, y descarté la posibilidad. Me había preguntado al oírme hablar que si era de algún lugar del Caribe. Y luego ¡cubano! Y acto seguido que su hijo se iba a Cuba a estudiar. Que cómo estaba aquello allá.

Y me dio pena decirle lo que había venido diciendo a tantos taxistas en todo el mundo. Y le dije que bien. Que las escuelas, eso notorio, excelentes, que la medicina gratuita y todo lo que él quería escuchar. ¿Qué otra cosa podía decirle? Bajo un cielo sin nubes en aquel balneario, no dispuesto a batalla alguna, en una tregua de mi guerra privada con los taxistas.

2000

9 al 15 de febrero. Viajo a Cuba. Mi amigo me cuenta la historia ¡totalmente real! y que he incluido en este libro y que luego he contado en varios taxis, de cómo había construido una balsa más grande que cualquiera de las puertas de su casa y debieron por eso desarmarla, desclavarle sus tablas, para volver a armarla afuera, en una caleta, en plena noche.

En estos años, sin embargo, jamás me he encontrado a nadie que haya hecho la travesía en balsa, nunca alguien que haya alcanzado las costas de la Florida.

2002

22 de mayo. Día de mi cumpleaños. Revisando un álbum de fotos me hago la siguiente pregunta: ¿Qué debería incluir en un ensayo visual sobre la Revolución cubana? ¿Ha creado la Revolución cubana una imaginería visual propia, un estilo único como el de, pongamos, la Rusia soviética o la China comunista? Creo que sí. Entender además que la Revolución cubana desde su comienzo mismo fue concebida como una gran *performance* visual. Moderna en sí misma, la televisión y las armas del *marketing* incorporadas al estilo político de Fidel Castro, del Che Guevara. Desde el comienzo. Las célebres fotos, las imágenes icónicas. La célebre foto del Che. La fotografía, nos dicen los expertos, más reproducida de la historia. Tomada por un exfotógrafo de modas cubano. ¿No es enternecedor esto?

30 de noviembre. Durante los Días de Cuba en la Feria de Guadalajara, México, se me hace uno de esos terribles actos de repudio, algo insólito y que me toma por sorpresa, me disgusta enormemente. Había yo leído un texto que molestó a los miembros de la delegación oficial cubana destacada en la feria y que no dejaron de gritarnos ofensas a todos los que estábamos en la mesa. Al día siguiente, el diario *El País*, de España, se hizo eco del terrible ataque y añadió una simpática nota: que alguien me había echado en cara el bonito saco que llevaba ese día (no un Armani, como mis amigos luego se burlarían), pero sí bien cortado, que por alguna razón irritó profundamente a los comisarios cubanos.

No obstante aquel disgusto y muchos otros, no me he convertido en enemigo del sistema. Sigo sin serlo. Aquel día, sin embargo, las ganas que me dieron de callarle la boca a quienes nos insultaban de la manera más injuriosa posible.

2004

14 de octubre. Estoy en Nueva York con una beca de la New York Public Library. Desde la ventana de mi oficina en la 5ta y la 42 suelo ver la aglomeración de *yellow cabs* a las seis de la tarde. Concibo y comienzo a escribir una primera versión de *La Revolución cubana explicada a los taxistas*. Una historia de la Revolución cubana en que son abordados sus principales puntos de una manera rápida, que tarde no más que los treinta minutos de un viaje del aeropuerto al centro. Añado luego esta cronología personal centrada en ciertas fechas, seleccionadas según el criterio del impacto que tuvieron en mi vida, tan sólo por ahí enfocadas.

2006

31 de julio. Recibo la llamada de mi amigo Ernesto desde Barcelona. Ahora sí, me grita exultante. Y sé, sin que me explique ni me diga, a quién se refiere. Sólo una noticia amerita una llamada así, tan tarde, intempestiva. No importa, ¿qué puede importar? ¡Fidel ha muerto!, quiere decirme. Pero no lo sigo en su entusiasmo. Desde donde estoy sentado puedo ver a los corredores del Parque Central ejercitándose hasta el infarto, corriendo las mañanas. Una vida en una palabra. En Nueva York. Ernesto tan lejos. Todos dispersos. Sin Cuba bajo los pies. Ahora así, me dice. Al punto que ya ha creado un blog y lo ha bautizado «Últimos días de Fidel». Está muy enfermo, acaba de firmar el traspaso del poder a su hermano, tiene los días contados. Una excelente noticia, estoy de acuerdo. Sólo que hace unos años, cuando ambos vivíamos en México, ya pasamos por un momento así. Y en aquella ocasión, le dije: no Ernesto, aguarda, no estés tan seguro. Se lo repito ahora, se lo recuerdo. Ya tiene el nombre del nuevo blog, me manda la dirección electrónica y en efecto se llama «Últimos días de Fidel». Le repito en la cautela de los demasiados años: Ernesto, querido, ¿no sería mejor «Penúltimos días de Fidel»? Un nombre sarcástico que, por demás, te salva del ridículo en caso de que no muera, le digo. Y al momento lo entiende. Y lo acorta incluso, quita la mención al odiado Castro. Queda entonces «Penúltimos días». Escribí mucho en ese blog, *colaboré*. Nada de diatribas, sin embargo.

2010

Viajo a Cuba con la expresa misión de escribir un reportaje para el *New York Review of Books*. Se trata de seguir las nuevas reformas que se están instituyendo en La Habana. Titulo mi texto «Un estado en retirada». Llevo un diario del que saco muchos de los detalles que luego incluyo en mi artículo. «La Habana sigue siendo más segura que la mayoría de las ciudades donde he vivido, y tiene algo más: el mar. Camino largamente por el malecón habanero y abordo luego un Oldsmobile del 56, que es a pesar de su veteranía, lo que usa toda la ciudad para desplazarse. El transporte sigue siendo el mismo problema de siempre, veo a las gentes arracimadas en las paradas, esto a pesar de que circulan buses nuevos, importados de China con ¡oh, sorpresa! aire acondicionado. Jamás pensé que viviría para ver algo así en un país en que el calor puede ser un verdadero suplicio.»

2011

5 de octubre. Viajé animado hasta aquel restaurante porque era un público más receptivo el que me esperaba, aquellos parlamentarios con quienes me sería más fácil entenderme. Al tanto seguramente de la difícil situación cubana, del drama cotidiano, de la tensión insoportable a la que está sometido el ciudadano. Y cómo me lancé a hablar en cuanto tuve la palabra, luego de que se inclinó hacia mí el señor parlamentario que estaba a mi lado e inquirió, como casualmente, aunque yo lo había invitado especialmente a ello: ¿y qué puede decirnos el señor escritor sobre la situación actual en Cuba?

O cosa así preguntó.

Y hablé allí, resumí lo abordado en este libro, abundé sobre el tema de los capítulos, tal y tal, donde hablo del racismo, por ejemplo, que siento que no abundé lo suficiente, que no fui lo suficientemente claro, aunque en verdad quedo disculpado porque es un tema difícil donde los haya. O bien donde hablo sobre esto y lo otro.

Hacia el final mismo de mi explicación abordé el tema de la propiedad privada. Y entonces sentí que daba pie, que me apoyaba en algo firme. ¡Esto!, dije, ¡esto tan sólo!

—Habría —exclamé sin poder ni querer ya detenerme—, sería necesario... Lo más importante... No la democracia, ni las elecciones... ¡... Aprobar, señores! ¡Restituirnos el derecho a la propiedad privada! ¡Tan sólo eso! Algo en apariencia tan sencillo, pero más importante, caballeros, que todas las agendas sutilmente imaginables, que todos los análisis políticos... Un punto que, aplicado consecuentemente, una vez obtenidos todos los frutos de su introducción, hace innecesarios todos esos memorándums para una Cuba post-Castro, todo plan de ayuda y asesoramiento. Que permitiera desarrollarse por sí sola la isla de Cuba, que permitiera al pueblo cubano reconstituirse, renacer. Con el peso ineluctable y la certeza con que una esfera rueda cuesta abajo por un plano inclinado.

Alcé la voz en este punto, de modo que se dejó de hablar en toda la mesa y quedaron todos pendientes de mis palabras.

—No sabría cómo explicarlo y sé que, por ejemplo, en tantos países es un derecho nunca negado, el de la propiedad privada, y no obstante hay millones en la miseria. De acuerdo. Pero en Cuba hay que empezar por ahí, por su reimplantación, por devolvérnosla. No me pregunten por qué. O bien lo sé, pero queda demasiado lejos, quiero decir, es largo explicarlo. Intuyéndolo más bien, sin que pueda quizás exponerlo de una manera convincente, lo sé. Pero está más que claro, sin embargo, para mí. Esta única condición. Abrir las puertas, liberar el país, comenzar por eso.

Me escucharon perplejos, sin un ápice de credulidad en sus miradas. Y cómo abrió la boca cuando hube terminado y habló uno de los diputados sobre algo dicho un momento anterior a mi charla, como si nada de lo que hubiera dicho yo hubiera hecho mella en él.

Cómo repitieron que no había que descartar, por ejemplo, el efecto del embargo, entender el daño de la agresión económica, y así un largo etcétera.

La simpatía insondable hacia la Revolución cubana, de indulgencia hacia todos los errores y desmanes, la inquebrantable fe en que es buena en esencia. De una candidez tan desarmante, tan blanca, que al escucharlos no pude menos que pensar que es preferible la retórica dura e injerencista de los Estados Unidos, que al menos no erran en identificar la Revolución cubana como problemática, controvertida, mala.

No una barrabasada de chiquillos inocentes.

El irritante paternalismo de Europa, hecho, sin duda, de la misma materia que de tutelaje americano, aunque, ¿cómo decirlo?, menos comprometido.

Impertérritos, sus azules ojos fijos en mí, como ante un soldado que hubiera hecho un largo viaje desde el frente con el peregrino plan de ablandar el corazón del alto mando con el relato de las vicisitudes de la vida en campaña: el lodo, el frío, el grande peligro. Y que, tras haberte escuchado, paseándose impaciente a pocos pasos de ti, las manos en la espalda, se acercara por fin, te palmeara el hombro y comenzara a reconfortarte con voz grave: sí, lo entiendo. Pero así es la guerra, ¿sabe? Alguien tiene que pelear, presentar el pecho.

No como a un igual, sino como a un soldado. Que luego de rendido mi informe, tras la breve conversación en el Estado Mayor y premiada mi valentía con un vaso de *Schnapps*, es enviado de vuelta al frío inhóspito de las trincheras y a las balas.

Lo que se comió y se bebió en aquel restaurante, los mejores platos, los mejores licores. Sin ánimo de condenar nada aquí, aportado tan sólo como un detalle. Entre el parlamentario a mi izquierda y la señora ensortijada del popular programa televisivo a mi diestra. Los vinos que degustamos: el fabuloso Riesling frío para acompañar el esturión en salsa blanca. De postre: peras envinadas. Las mancuernillas de oro del diputado frente a mí, al otro lado de la mesa. Otra vez, no en afán de criticar: esos burgueses, nada así. Me compré luego, meses después, unas iguales. De oro 22k, suaves al tacto. Las busqué en varias tiendas y cuando las hallé me dije: sí, como las de aquel señor tan elegante, el parlamentario italiano.

2012

Mayo del 2012. Cumplo cincuenta años. La Revolución cubana cincuenta y tres. Hemos envejecido juntos.

2013

15 de mayo. En un viaje reciente a un festival literario en la ciudad de Xalapa, México, alguien va a recogerme al aeropuerto y durante el traslado al hotel, todavía en la carretera, le hablo de mi juventud como obrero agrícola en la Escuela Lenin. Habíamos estado viajando por espacio de media hora, y en un alto que hacemos estudio a unos obreros que trabajan la tierra en el lejano Veracruz. Y esa visión me trae a la memoria mis años de adolescencia, a mí mismo inclinado sobre un surco. Se lo menciono a mi acompañante:

—¿Sabes? Así mismo, bajo un sol como éste, por tantas horas y tantas horas…

Me mira sin saber si tomar en serio mis palabras. El novelista invitado, el escritor al que ha esperado a la salida de los vuelos internacionales con un papel con mi nombre, y hete aquí que también un *obrero agrícola*. Tanto le habló aquello de la singular experiencia cubana de la que tantas buenas cosas había oído hablar, tanto le agradó, que se hizo amigo mío en el acto.

2014

17 de diciembre. Normalización de las relaciones entre Cuba y los Estados Unidos. Me toma por sorpresa. Jamás pensé que viviría para verlo, es la verdad. Y debo, de inmediato, responder a una solicitud de entrevista para la radio de la Universidad Nacional Autónoma de México, con las inveteradas sirenas neoyorkinas de fondo. Vivo en un apartamento ruidoso, pero eso no importa, sino el hecho de que vivo, llevo viviendo todos estos años en Nueva York. La noticia corre como reguero de pólvora. Antes de recetarme más píldoras para la presión arterial (tengo 53 años ahora) me pregunta con cautela mi cardióloga qué pienso de la reanudación de relaciones (sabe que soy de Cuba). No sé qué decirle, tengo sentimientos encontrados. En la entrevista radial he mencionado sólo lo positivo. Confieso a la doctora la verdad: que me hubiera gustado que Cuba, la Revolución cubana, se desdijera públicamente de tanto. Pero no está, lo entiendo, en la agenda de Obama. Lo considero una historia anterior, de la Guerra Fría, como yo mismo, ya instalado en el trámite de las tabletas para la presión. Así de viejo. Es hora, ha dicho, de dejarlo todo detrás.

2015

18 de febrero. Una mañana en Nueva York escribí de una sentada y casi sin salir todavía del sueño, el cuento sobre el mecánico cubano que conocí en un avión en un vuelo a Rusia adonde viajaba como premio a su trabajo. Una hazaña laboral que incluía la reparación imposible del enorme motor de una nave de Morflot. Supe entonces que escribiría un libro sobre los carros americanos y el papel que jugaron en mi infancia, cómo pasé horas ayudando a mi padre en la ardua tarea de mantener en marcha el auto familiar. Habiendo pasado mi infancia como ayudante de mecánico, aprendiendo a limpiar carburadores, a drenar un cárter, a limpiar bujías y a calibrarlas luego para la chispa exacta. Sintiéndome a gusto en los tantos y tantos talleres mecánicos que visité en mi infancia con sus suelos cubiertos por capas de aceite solidificado. Ducho en mi infancia —una habilidad que he perdido— en calcular de un golpe de vista el año y el modelo de unos carros americanos, esperando horas y horas a que estuviera lista una llanta, «cogido un ponche», ese tipo de vivencias, la variada experiencia automotriz.

2016

22 de junio. La Habana es una ciudad detenida en el tiempo.

Había olvidado el deterioro de la vida material, el ruinoso estado de las casas, las fachadas sin pintar, las puertas astilladas, las hornillas de la cocina en la que me preparo café en las mañanas, cubiertas por el orín. Las peripecias sin fin que significa vivir en Cuba, el laberinto de la vida cotidiana, los muchos obstáculos al paso. Cómo se acarrea el agua para el uso diario, algo que yo mismo hice buena parte de mi infancia, por cubos, de un único pozo artesiano en toda la cuadra, o bien en varias manzanas. Y el primer día, a la hora del baño, recibo un corrientazo porque la ducha tiene un aditamento para calentar el agua que no logro ajustar correctamente. Sale o muy caliente o muy fría. Y estando bajo ella, intentando arreglarla, recibo el corrientazo que me hace preguntarme qué hago aquí luego de tantos años. En Cuba. Sería el colmo morir así, electrocutado en la ducha, desnudo.

La Habana es una ciudad detenida en el tiempo.

Parte de su encanto se debe justo a esto, a ese aire de abandono que está en todo. Señorial porque sigue siendo una ciudad hermosa, el decorado perfecto, debo admitirlo, para esos carros americanos reconvertidos en los más insólitos taxis.

2016

25 Noviembre (ayer)

Durante años me han hecho una y otra vez la misma pregunta, ¿qué va a pasar cuando muera Fidel?

Fidel acaba de morir en la tarde del 25 de noviembre del 2016.

¿Qué pasará ahora que ha muerto Fidel?

¿Qué va a pasar?

Termino *La Revolución cubana explicada a los taxistas*.